MANUEL

DES PRÉPOSÉS

AUX

PONTS A BASCULE.

MANUEL
DES PRÉPOSÉS
AUX
PONTS A BASCULE
DU
DÉPARTEMENT DE LA SEINE.

MANUEL

DES PRÉPOSÉS

AUX

PONTS A BASCULE

DU

DÉPARTEMENT DE LA SEINE.

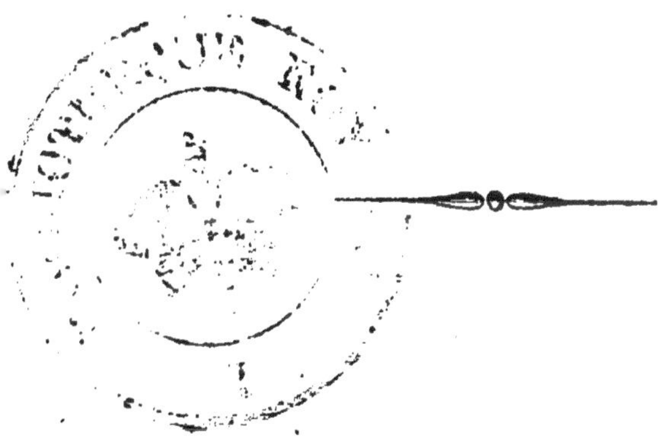

PARIS,
IMPRIMERIE DE LOTTIN DE St-GERMAIN,
RUE DE NAZARETH, No 1.

1835.

LOIS,

DÉCRETS, ORDONNANCES, ETC.,

RELATIFS

A LA POLICE DU ROULAGE.

Loi relative au poids des voitures employées au roulage et messageries.

Du 29 floréal an X.

Art. 1er. A compter de l'époque qui sera déterminée par le gouvernement, dans la forme usitée pour les réglemens d'administration publique, le poids des voitures employées au roulage et messageries dans l'étendue de la république, ne pourra excéder, en comprenant le poids de la voiture et celui du chargement, les proportions suivantes :

Pendant cinq mois, à compter du 15 brumaire au 15 germinal,

	Myriagrammes.
Voitures ou chariots à quatre roues....	450.
Voitures ou charrettes à deux roues....	250.
Voitures ou chariots à quatre roues, avec jantes de vingt-cinq centimètres de largeur........................	550.

Voitures ou charrettes à deux roues, avec jantes de vingt-cinq centimètres de largeur........................	350.

Pendant sept mois, à compter du 15 germinal au 15 brumaire,

Voitures ou chariots à quatre roues....	550.
Voitures ou charettes à deux roues.....	375.
Voitures ou chariots à quatre roues, avec jantes de vingt-cinq centimètres de largeur........................	650.
Voitures ou charrettes à deux roues, avec jantes de vingt-cinq centimètres de largeur........................	475.

2. Les objets non divisibles et d'un poids supérieur au précédent tarif, pourront être néanmoins transportés par le roulage, sans donner ouverture à contravention.

3. Le poids des voitures sera constaté, au moyen de ponts à bascule établis sur les routes, dans les lieux que fixera le gouvernement.

Jusqu'à l'établissement des ponts à bascule, la contravention sera constatée par la vérification des lettres de voiture.

4. Les contraventions à la présente loi seront décidées par voie administrative; et les contrevenans seront condamnés à payer les dommages réglés par le tarif suivant.

L'excès de chargement de vingt myriagrammes et au dessous sera considéré comme tolérance, et n'entraînera aucune condamnation,

de 20...à...	60 myriagrammes...	25f
de 60...à...	120	50.
de 120...à...	180	75.
de 180...à...	240	100.
de 240...à...	300	150.
Et au-dessous de 300	....	300.

5. Tout voiturier ou conducteur pris en contravention ne pourra continuer sa route qu'après avoir réalisé le paiement des dommages, et déchargé sa voiture de l'excédent de poids qui aura été constaté ; jusque-là, ses chevaux seront tenus en fourrière, à ses frais, à moins qu'il ne fournisse une caution suffisante.

6. Le roulage pourra être momentanément suspendu pendant les jours de dégel, sur les chaussées pavées, d'après l'ordonnance des préfets des départemens.

Collationné à l'original, par nous président et secrétaires du corps législatif. A Paris, le 29 floréal an x de la république française. *Signé* Rabaut le jeune, *président ;* Bergier, Thiry, Rigal, Tupinier, *secrétaires.*

Soit la présente loi revêtue du sceau de l'état, insérée au Bulletin des lois, inscrite dans les registres des autorités judiciaires et administratives, et le ministre de la justice chargé d'en surveiller la publication. A Paris, le 9 prairial an x de la république.

Signé BONAPARTE, *premier consul*. Contresigné, *le secrétaire d'état*, Hugues B. MARET. Et scellé du sceau de l'état.

Vu, *le ministre de la justice*, signé ABRIAL.

(N° 3636.) *Loi qui détermine la largeur des jantes pour les roues des voitures de roulage attelées de plus d'un cheval.*

Paris, le 7 ventôse.

Au nom du peuple français, BONAPARTE, premier consul, proclame loi de la république le décret suivant, rendu par le corps législatif le 7 ventôse an XII, conformément à la proposition faite par le gouvernement le 30 pluviôse, communiquée au tribunat le même jour.

DÉCRET.

Art. 1er. A compter du 1er messidor an XIV, les roues des voitures employées au roulage, dans toute l'étendue de la république, et attelées de plus d'un cheval, seront construites avec des jantes dont la largeur est déterminée par la présente loi.

La circulation des voitures qui, à cette

époque, ne seront pas dans les termes de la loi, est irrévocablement prohibée.

2. Le *minimum* de la largeur des jantes de voitures de roulage est fixé par le tarif suivant :

	Environ		
Voitures à deux ou quatre roues, attelées de deux chevaux....................	11 cent.	4 pouc.	1 lign.
Les mêmes voitures attelées de trois chevaux...........	14	5	2
Les voitures à deux roues, attelées de quatre chevaux...	17	6	4
Celles à quatre roues, attelées de quatre, cinq ou six chevaux..................	17	6	4
Les voitures à deux roues, attelées de plus de quatre chevaux....................	25	9	3
Les chariots attelés de plus de six chevaux.............	22	8	2

3. Les contraventions à la présente loi seront constatées par les préposés à la perception de la taxe d'entretien, et décidées par voie administrative, conformément à la loi du 29 floréal an x. Les contrevenans seront condamnés à payer cinquante francs à titre de dommages : la moitié de cette somme appartiendra au saisissant. Ils devront, en outre, substituer aux roues de leurs voitures, d'autres roues dont les jantes aient la largeur déterminée par le tarif.

4. Au 1er messidor an XIV, toute voi-

ture de roulage dont la circulation est interdite par la présente loi, sera arrêtée à la première barrière où la contravention sera constatée.

Si cette barrière est aux portes ou dans l'intérieur d'une ville, la voiture et ses roues seront brisées, d'après un arrêté pris à cet effet par le sous-préfet de l'arrondissement, et le voiturier paiera les dommages stipulés dans l'article 3 de cette loi.

Dans le cas où cette barrière serait isolée, le voiturier pris en contravention pourra consigner les dommages entre les mains du préposé saisissant, et continuer sa route, mais seulement jusqu'à la ville la plus voisine, qui lui sera désignée par un passavant délivré par ledit préposé. Dans cette ville, ses roues seront brisées, conformément à ce qui a été dit ci-dessus.

5. Les voitures à jantes étroites conserveront la faculté de circuler jusqu'au 1er messidor an XIV : néanmoins, elles pourront être assujetties par le gouvernement à payer le double de la taxe, et ce, à compter du 1er messidor an XIII, jusqu'au 1er messidor an XIV, époque à laquelle elles sont définitivement prohibées par la présente loi.

6. A compter du 1er messidor an XIII, toute diligence, messagerie, ou autre voiture voyageant au trot, dont le poids excé-

derait deux cent vingt myriagrammes, sera considérée comme voiture de roulage, et assujettie aux dispositions de la présente loi, quant à la largeur des jantes.

7. Le gouvernement modifiera le tarif du poids des voitures et de leurs chargemens, porté dans la loi du 29 floréal an x, d'après les expériences faites sur les roues à larges jantes, ordonnées par la présente loi.

Il réglera la largeur des jantes et le poids des diligences, messageries et autres voitures publiques.

La faculté d'augmenter le poids du chargement dans des proportions à déterminer par le gouvernement, sera accordée aux voitures dont les jantes excéderaient les largeurs énoncées au tarif ci-dessus.

Le gouvernement fixera la longueur des essieux ; la forme des bandes et celle des clous qui fixent les jantes des voitures de roulage.

8. Sont exceptées des dispositions de la présente loi, les voitures employées à la culture des terres, au transport des récoltes, à l'exploitation des fermes; mais le gouvernement réglera le poids du chargement de ces voitures, pour le cas où elles emprunteront les grandes routes.

9. Le gouvernement prendra les mesures nécessaires pour faire verser au trésor public

les produits du doublement de taxe prescrit par l'art. 5 de la présente loi ; ils seront employés à la réparation des routes de la même manière que le principal de la taxe.

10. Les dispositions de la loi du 29 floréal an X, contraires à la présente loi, sont rapportées.

Collationné à l'original, par nous président et secrétaires du corps législatif. A Paris, le 7 ventôse, an XII de la république française. *Signé* FONTANES, *président ;* N. C. COLZART, LOMBARD, P. Joseph OLBRECHTS, HUON, *secrétaires.*

Soit la présente loi revêtue du sceau de l'état, insérée au Bulletin des lois, inscrite dans les registres des autorités judiciaires et administratives, et le grand-juge, ministre de la justice, chargé d'en surveiller la publication. A Paris, le 17 ventôse an XII de la république.

Signé BONAPARTE, *premier consul.* Contresigné, H. B. MARET, Et scellé, etc.

Vu, *le grand-juge, ministre de la justice*, signé REGNIER.

(N° 1674.) *Décret impérial concernant le poids des voitures et la police du roulage.*

Au palais de Saint-Cloud, le 23 juin 1806.

NAPOLÉON, empereur des Français, roi d'Italie ;

Sur le rapport de notre ministre de l'intérieur ;

Vu l'article 7 de la loi du 7 ventôse an XII, qui statue que le gouvernement modifiera, d'après les expériences faites sur les roues à jantes larges, le tarif du poids des voitures et de leur chargement, porté dans la loi du 29 floréal an X ;

Qu'il réglera la largeur des jantes et le poids des diligences, messageries et autres voitures publiques ; que le poids des chargemens des voitures dont les jantes excéderaient les largeurs déterminées, pourra être augmenté ; qu'il fixera la longueur des essieux, la forme des bandes et celle des clous qui fixent ces bandes, pour les voitures de roulage ;

Notre Conseil d'état entendu,

Nous avons décrété et décrétons ce qui suit :

TITRE Ier.

Dispositions générales.

Art. 1er. Au 20 juin 1807, et en conséquence de l'article 4 de la loi du 7 ventôse an XII et du décret du 4 prairial an XIII, toute voiture de roulage dont la circulation est interdite par la loi du 7 ventôse an XII et par le présent décret, sera arrêtée au premier pont à bascule où la contravention sera constatée, ou par le premier officier de police.

Si ce pont est placé, ou si la voiture est arrêtée aux portes d'une ville, les roues seront brisées, d'après un arrêté pris à cet effet par le sous-préfet de l'arrondissement; et le voiturier paiera les dommages stipulés dans l'art. 3 de cette loi, et dans l'art. 27 du présent décret.

2. Dans le cas où le pont à bascule serait placé ou la voiture arrêtée dans un lieu isolé, le voiturier pris en contravention pourra consigner les dommages entre les mains du préposé saisissant, et continuer sa route; mais seulement jusqu'à la ville la plus voisine, qui lui sera désignée par un passavant délivré par ledit préposé : dans cette ville ses roues seront brisées, conformément à ce qui a été dit ci-dessus.

TITRE II.

Fixation du poids des voitures de roulage.

3. Le poids des voitures de roulage, compris voiture, chargement, paille, corde, bache, est fixé ainsi qu'il suit :

Pendant cinq mois, à compter du 1er novembre jusqu'au 1er avril, le poids des charrettes et voitures à deux roues, avec des bandes de 11 centimètres de

largeur, ne pourra excéder............ 2,200 kil.
Bandes de 14 centimètres............ 3,400
Bandes de 17 — 4,800
Bandes de 25 — 6,800

Pendant les sept autres mois de l'année, le poids des charrettes à bandes de 11 centimètres, ne pourra excéder........ .... 2,700 kil.
Bandes de 14 centimètres............ 4,100
Bandes de 17 — 5,800
Bandes de 25 — 8,200

Pendant les cinq mois, à compter du 1er novembre jusqu'au 1er avril, le poids des chariots ou voitures à quatre roues et à voies égales, avec bandes de 11 centimètres, ne pourra excéder........ 3,300 kil.
Bandes de 14 centimètres........... 4,700
Bandes de 17 — 6,700
Bandes de 22 — 8,700

Pendant les sept autres mois, le poids des chariots à bandes de 11 centimètres, ne pourra excéder.................................. 4,000 kil.
Bandes de 14 centimètres........... 5,700
Bandes de 17 — 8,100
Bandes de 22 — 9,600

4. Il est fait une exception en faveur des chariots dont les voies sont inégales, c'est-à-dire lorsque la voie de derrière excédera celle de devant dans les proportions suivantes, et que ces proportions se trouveront également entre la longueur des essieux d'une échantignolle à l'autre :

Pendant les cinq mois d'hiver, chariots, bandes de 11 centimètres, avec excès de largeur pour la voie de derrière, de 12 centimètres......... 3,700 kil.

Bandes de 14 centimètres, excès de largeur de 16 centimètres................	5,200 kil.
Bandes de 17 centimètres, excès de largeur de 19........................	7,400
Bandes de 22 centimètres, excès de largeur de 24........................	9,500

Les mêmes chariots, pour les sept mois d'été, et avec les excès de largeur de voie ci-dessus déterminés :

Bandes de 11	centimètres..........	4,400 kil.
Bandes de 14	—	6,200
Bandes de 17	—	8,800
Bandes de 22	—	11,400

5. Il est accordé une tolérance sur le poids ci-dessus fixé des charrettes et des chariots, pour suppléer aux cas où les roues et les voitures seraient surchargées de boue, et où leur bachage et même leur chargement seraient imprégnés d'eau.

La tolérance sera uniforme pour toutes les saisons et pour toutes les largeurs de bandes; elle est fixée à deux cents kilogrammes en faveur des charrettes, et à trois cents pour les chariots.

6. Le poids des voitures publiques, diligences, messageries, fourgons, allant en poste ou avec relais, berlines, est fixé pour toute l'année ainsi qu'il suit :

Avec bandes de 6	centimètres.....	2,000 kil.
— de 7	—	2,300
— de 8	—	2,600

Avec bandes de 9	centimètres	......	2,900 kil.
— de 10	—	......	3,200
— de 11	—	......	3,400

7. La tolérance sur le poids des voitures publiques pour les causes exprimées dans l'art. 4, est fixée à cent kilogrammes pour chaque voiture.

8. Le poids des voitures employées à la culture des terres, au transport des récoltes, à l'exploitation des fermes, et qui, par l'art. 8 de la loi du 7 ventôse an XII, sont exceptées de l'obligation d'avoir des roues à jantes larges, ne pourra, lorsqu'elles fréquenteront les grandes routes, excéder dans aucun cas quatre mille kilogrammes, chargement compris.

9. Les objets indivisibles, tels que pierres, marbres, arbres et autres dont le poids ne peut être diminué, sont exceptées des dispositions qui précèdent, et pourront être transportés par des voitures dont la dimension des jantes serait inférieure aux largeurs déterminées.

Néanmoins, les préfets sont autorisés à appliquer les dispositions du présent décret aux voitures habituellement employées à l'exploitation des carrières et à celle des forêts. Les propriétaires de ces voitures seront tenus d'obtempérer aux réglemens des préfets, sous les peines portées par la loi du 7 ventôse an XII.

TITRE III.

Pesage des Voitures.

10. La vérification du poids des voitures désignées dans le présent décret, sera faite gratuitement au moyen des ponts à bascule déjà établis ou à établir par la suite.

Lorsqu'il y aura lieu à la vérification du poids des voitures employées à la culture, elle se fera également par le moyen des ponts à bascule, si elles passent sur le point où ils seront placés.

11. Les voitures vides, et celles dont la modicité du chargement apparent ne donnerait lieu à aucune présomption de surcharge, ne seront point assujetties à passer sur les ponts à bascule.

12. Pourront les propriétaires de voitures et les rouliers, avant de commencer leur voyage, se présenter aux ponts à bascule, pour s'assurer du poids, soit des voitures vides, soit des voitures chargées, et éviter par-là de s'exposer à la contravention. Dans ce cas, ils paieront aux préposés, à titre d'indemnité, cinquante centimes pour une voiture vide, et un franc pour une voiture chargée.

13. Les préposés à la perception de la taxe d'entretien des routes jusqu'au 22 septembre, et à leur défaut les préposés à la

perception des octrois municipaux, ou enfin des préposés spéciaux, seront chargés de la garde, entretien, conservation et manœuvre des ponts à bascule.

14. Les salaires des préposés seront réglés par le directeur général des ponts-et-chaussées, sur la proposition des préfets; la fixation aura lieu proportionnellement à l'importance de la route, et à l'espèce des voitures qui la pratiquent habituellement.

15. Moyennant les salaires accordés aux préposés, ils seront tenus de faire le service des ponts à bascule; ils seront responsables de tous les dommages qui surviendront à ces ponts et à leurs bureaux, autres que ceux provenant de la force majeure, de vice de construction, et de dépérissement causé par l'usage. Les réparations occasionnées par leur fait, ou par leur négligence, sont à leur charge. Les ingénieurs des ponts-et-chaussées sont chargés de constater et de faire exécuter ces réparations. Le préfet en fera poursuivre le remboursement.

TITRE IV.

De la longueur des Essieux; forme des Clous des bandes.

16. La longueur des essieux de toute espèce de voitures, même de culture et labou-

rage, ne pourra jamais excéder deux mètres cinquante centimètres entre les deux extrémités ; et chaque bout ne pourra saillir au-delà des moyeux de plus de six centimètres.

17. Quant aux voitures qui seront construites sur des voies inégales, l'essieu de derrière ne pourra excéder les proportions déterminées par l'article précédent, et celui de devant sera raccourci de la quantité nécessaire pour établir l'inégalité de la voie.

18. Les défenses d'employer des clous à tête de diamant sont renouvelées: tout clou des bandes sera rivé à plat, et ne pourra, lorsqu'il aura été posé à neuf, former une saillie de plus d'un centimètre.

TITRE V.

Vérification de la largeur des Bandes, de celles des Voies inégales, de la longueur des Essieux et des Clous des Bandes.

19. Les préposés aux ponts à bascule sont aussi chargés de vérifier la largeur des bandes des roues; cette vérification se fera gratuitement, au moyen des jauges en fer qui seront remises à chaque bureau par l'administration des ponts-et-chaussées.

20. Il est accordé, lors de cette vérification, une tolérance d'un centimètre sur la largeur des bandes des voitures de roulage, et d'un

demi-centimètre sur celle des voitures de messageries.

21. Les propriétaires de voitures et les rouliers pourront faire vérifier, par les préposés aux ponts à bascules, la largeur des bandes de leurs voitures, et en retirer un certificat pour lequel ils paieront un franc, timbre du papier compris.

22. Ce certificat ne vaudra que pour servir de règle privée aux rouliers, et ne pourra être opposée comme preuve contraire dans les procès verbaux de contravention sur la largeur des bandes.

23. Indépendamment des jauges qui seront distribuées aux préposés chargés des ponts à bascule, le ministre de l'intérieur en fera déposer dans les chefs-lieux des départemens et des arrondissemens, afin que tous les maîtres de forges, charrons, maréchaux, commissionnaires de roulage, propriétaires de voitures et rouliers puissent s'en pourvoir pour leur usage: elles seront délivrées au simple prix de leur fabrication. Ces jauges porteront un aigle en timbre.

24. Les propriétaires de voitures à quatre roues, ou rouliers, qui voudront, en exécution de l'art. 4 du présent décret, user de la faculté d'obtenir un plus fort chargement en construisant ces voitures avec des voies inégales, pourront constater une première

et seule fois, à l'un des bureaux des ponts à bascule, que la construction du chariot est conforme aux conditions imposées par ledit article : ils seront affranchis de toute vérification ultérieure, en présentant ce certificat; sauf néanmoins les cas où, contre la teneur dudit certificat, il serait reconnu que la voiture n'est point à voies inégales, qu'il a été fait des changemens soit à la longeur des essieux, soit à la distance des échantignolles.

25. Il sera accordé, lors de cette vérification, une tolérance de cinq centimètres sur la longueur des essieux, en compensation du frottement qui aurait usé les échantignolles.

TITRE VI.

Des Exceptions pour le Service militaire.

26. Les voitures de l'artillerie ne seront assujetties ni à la fixation du poids, ni à la largeur des jantes, ni à la longueur des essieux, prescrites par le présent réglement.

Ne seront considérées comme voitures d'artillerie que celles qui porteront en caractères apparens, sur une plaque de métal, clouée, en avant de la roue et au côté gauche de la voiture, les mots, *artillerie impériale.*

Les conducteurs desdites voitures devront être munis d'une feuille de route, certifiant que lesdites voitures sont une propriété de l'état, et indiquant le lieu de leur départ, celui de leur destination, et celui de leur chargement.

Ne seront non plus soumis aux dispositions du présent réglement, les chariots, fourgons, appartenant aux corps militaires et voyageant à leur suite, lorsque lesdites voitures seront munies d'une plaque indiquant le nom du corps, et lorsque leurs conducteurs seront porteurs d'une feuille de route conforme à celle prescrite pour les voitures d'artillerie.

La même disposition est commune aux voitures et chariots d'ambulance des hôpitaux militaires, caissons des vivres, et équipages militaires, appartenant à l'État.

Ne pourront, dans aucun cas, être considérées comme voitures d'artillerie, des corps, des hôpitaux militaires ou des autres services, celles que les entrepreneurs des transports emploieront pour le service des corps, de l'artillerie, des hôpitaux militaires et des autres services.

TITRE VII.

Des Amendes.

27. Les contraventions relatives au poids des voitures pour excès de chargement au-

delà des quantités réglées par le présent décret, seront punies des amendes prononcées par la loi du 29 floréal an x, article 4, ainsi qu'il suit :

Pour excès de chargement

De 20 à 60 myriagrammes..		25 fr.
De 60 à 120	....	50.
De 120 à 180	....	75.
De 180 à 240	....	100.
De 240 à 300	....	150.
Et au-dessus de 300	....	300.

28. Les contraventions à la longueur des essieux seront punies de l'amende de quinze francs, conformément à ce qui est ordonné par le réglement du 4 mai 1624.

29. Les contraventions sur le fait des clous des bandes seront punies de l'amende de quinze francs, conformément à l'article 7 de l'arrêt du Conseil d'état, du 28 décembre 1783.

30. L'époque fixée par la loi pour le paiement du double droit de taxe des routes, est prorogée jusqu'au 22 septembre prochain.

31. Attendu que la loi du 24 avril dernier a supprimé les barrières et la perception de la taxe d'entretien des routes, à compter du 22 septembre prochain, la peine de la double taxe mentionnée en l'article précédent sera, à partir dudit jour 22 septembre,

remplacée par une amende de trente francs pour chaque contravention constatée par procès-verbaux rédigés, soit au passage sur les ponts à bascule, soit sur tout autre point des grandes routes parcourues par les rouliers en fraude.

L'amende sera encourue et répétée toutes les fois que la contravention aura été constatée, pourvu qu'il se soit écoulé quatre jours entre le précédent procès-verbal et le suivant.

32. Il appartiendra un quart dans les amendes à celui des agens qui l'aura constatée, et qui aura affirmé et déposé son procès-verbal. L'amende sera versée dans la caisse de la commune où la contravention aura été constatée. Les trois quarts seront versés par le receveur de la commune au receveur de l'enregistrement; et le dernier quart sera payé à l'agent qui aura constaté la contravention, sur le mandat du préfet, et sans autre forme.

TITRE VIII.

Police.

33. Les dispositions de la loi du 3 nivôse an VI, titre II, seront applicables au service des ponts à bascule, ainsi qu'il suit :

34. Tout propriétaire de voiture de roulage

sera tenu de faire peindre sur une plaque de métal, en caractères apparens, son nom et son domicile; cette plaque sera clouée en avant de la roue et au côté gauche de la voiture; et ce, à peine de vingt-cinq francs d'amende: l'amende sera double si la plaque portait soit un nom, soit un domicile faux ou supposé.

35. Toute insulte ou mauvais traitement envers les préposés au service des ponts à bascule sera puni, selon ladite loi, de cent francs d'amende, sans préjudice des dommages-intérêts, et de poursuites extraordinaires, s'il y a lieu.

36. Il est défendu aux préposés au service des ponts à bascule de recevoir eux-mêmes les amendes, ni d'exiger des contrevenans rien au dessus de l'amende, à peine de destitution et d'être poursuivis comme concussionnaires.

37. Il est défendu aux mêmes préposés de faire aucune remise du montant de l'amende ni de traiter ou de transiger avec les contrevenans, sous peine de destitution, et d'une amende égale à celle qui aurait été encourue.

TITRE IX.

Du Contentieux.

38. Les contestations qui pourraient s'éle-

ver sur l'exécution du présent réglement, et notamment sur le poids des voitures, sur l'amende et sur sa quotité, seront portées devant le maire de la commune, et par lui jugées sommairement, sans frais et sans formalités : ses décisions seront exécutées provisoirement, sauf le recours au conseil de préfecture, comme pour les matières de voirie, selon la loi de floréal an XI.

39. Néanmoins, les préposés ne pourront être distraits ni déplacés de leur bureau pour suivre lesdites contestations : ils ne seront tenus que d'adresser au maire ou à son adjoint un procès-verbal de la contravention, et cependant ils devront retenir la voiture jusqu'au paiement ou à la consignation de l'amende.

40. Le maire ou son adjoint pourra se transporter au bureau, lorsqu'il le croira nécessaire, pour reconnaître les faits.

41. Les autorités civiles et militaires seront tenues de protéger les préposés, de leur prêter main-forte, de poursuivre et faire poursuivre, suivant la rigueur des lois, les auteurs et complices des violences commises envers eux; et ce, tant sur la clameur publique que sur les procès-verbaux dressés par lesdits préposés, par eux affirmés, et remis par eux à la gendarmerie.

42. Il est en conséquence ordonné à tout gendarme en fonctions de s'arrêter dans sa

tournée à chaque pont à bascule qui se trouvera sur sa route, de recevoir les déclarations que les préposés auraient à lui faire, et de se charger des procès-verbaux des délits qui auraient été commis contre eux, pour les déposer au greffe.

43. Tout voiturier ou conducteur qui, pour éviter de passer un pont à bascule, se détournerait de la route qu'il parcourait, sera tenu, sur la réquisition des préposés, de la gendarmerie ou autres agens qui surveillent le service des ponts à bascule, de conduire sa voiture pour être pesée sur ce pont à bascule.

44. Tout voiturier ou conducteur pris en contravention pour excédant du poids fixé par le présent décret, ne pourra continuer sa route qu'après avoir réalisé le paiement des des dommages, et déchargé sa voiture de l'excédant du poids qui aura été constaté : jusque-là ses chevaux seront tenus en fourrière à ses frais, ou il fournira caution.

45. Notre ministre de l'intérieur est chargé de l'exécution du présent décret.

Signé NAPOLÉON,

Par l'empereur :

Le secrétaire d'état, HUGUES B. MARET.

Extrait de la circulaire de M. le directeur général des Ponts et Chaussées.

Du 15 juin 1807.

Art. 1er. Dans les lieux où il existe des ponts à bascule, aucune voiture dont le chargement ne paraîtrait pas évidemment au dessous des règles prescrites, ne doit passer sans être soumise au pesage. . . . .

. . . .

Art. 3. . . . .

Une erreur s'est glissée à la fin de l'art. 3; les chariots, ayant des bandes de 22 centimètres peuvent pendant les sept mois d'été, porter 10,500 k. au lieu de 9,600 k. . . . .

Art. 7. C'est par erreur que dans l'art. 7, on cite l'art 4, c'est l'art. 5 dont on rappelle les dispositions.

. . . .

Art. 9. De fausses interprétations du 1er §. de l'art. 9, ont eu lieu; souvent un bloc de pierre, un grand arbre excèdent les poids déterminés, même pour les voitures dont les jantes sont les plus larges. Il fallait donc une exception à la règle; mais il est nécessaire de distinguer un transport accidentel, d'un transport habituel.

Ainsi, dans le premier cas, on pourrait

transporter une seule pierre, un seul arbre avec les voitures quelconques que l'on aurait à sa disposition, mais si des transports de ce genre devaient se multiplier, on exigerait que les jantes eussent au moins la largeur déterminée pour le poids tarifé, immédiatement inférieur au poids de l'objet transporté. C'est ce qui résulte clairement du 2e paragraphe du même article.

Art. 13. . . . .
Partout il a dû être fait des inventaires et des descriptions de lieux, afin de rendre les préposés responsables de ce qui leur est confié...

Art. 18. . . . .
. . . . Un abus plus grand encore que celui des clous à tête de diamant paraît s'introduire ; c'est celui de bandes ayant deux parties saillantes dans toute leur circonférence, et très étroites, qui tendraient à tailler et broyer les pavés et les matériaux employés sur les routes. Ces jantes doivent être proscrites, et les contraventions punies des mêmes peines prononcées contre les jantes étroites.
. . . .

Art. 34. Un quart de l'amende prononcée par l'art. 34, appartiendra à celui des agens qui l'aura constatée, mais il ne peut en être de même de celle prononcée par l'art. 35 qui doit être assimilée à celles prononcées en police correctionnelle.

Art. 38. . . . .

C'est par une erreur typographique que le décret cite une loi de floréal an XI, sur la voirie, il entend parler de celle de floréal an X. . . . . .

Art. 44. Les dommages dont il est parlé dans l'art. 44, sont les diverses condamnations pécuniaires portées dans les art. 27, 28, 29 et 34. Le voiturier pris en contravention sera admis à fournir caution ; au cas où il en présenterait une solvable, il pourra lui être permis de continuer sa route avant d'avoir payé les dommages ; mais dans aucun cas, il ne peut être exempté du déchargement de l'excès de poids, et il ne doit continuer sa route qu'après l'avoir effectué.

(N° 5405.) *Décret impérial qui annulle des arrêtés du Conseil de préfecture du département de la Dyle, comme consacrant une fausse interprétation de la loi qui détermine la largeur des jantes des voitures.*

Anvers, le 3 mai 1810.

NAPOLÉON, empereur des Français, roi d'Italie, protecteur de la confédération du Rhin, etc., etc. ;

Sur le rapport de notre ministre de l'intérieur ;

Vû les articles 8 de la loi du 7 ventôse an XII et de notre décret du 23 juin 1806 ;

Vû le procès verbal du 12 janvier 1808, par lequel il est constaté qu'un sieur *Vandormaes*, cultivateur à Wavres, a été rencontré sur la grande route, conduisant de Wavres vers Bruxelles des grains chargés sur une de ses voitures à quatre roues à jantes étroites, et attelée de quatre chevaux ;

Vû les arrêtés du conseil de préfecture du département de la Dyle, des 20 juin et 4 juillet 1809, qui déclarent qu'il n'y a pas lieu de prononcer d'amende contre le sieur *Vandormaes*, attendu que ledit procès-verbal ne constate pas de contravention en matière de surcharge ;

Considérant qu'en exceptant de l'obligation des roues à jantes larges, les voitures employées au transport des récoltes, la loi et le décret précités n'ont eu en vue que les voitures employées à transporter les objets récoltés depuis le lieu où ils sont recueillis jusqu'à celui où, pour les conserver, le cultivateur les dépose et rassemble ;

Considérant que, dans l'espèce, le transport de grains effectué par la voiture du sieur *Vandormaes* avait pour but de les livrer à la consommation ou au commerce ; que l'exception relative aux roues à jantes larges, prononcée par l'article 8 de la loi du 7 ventôse an XII, n'est point applicable à ce cas;

Notre Conseil d'état entendu,

Nous avons décrété et décrétons ce qui suit :

Art. 1er Les arrêtés précités du conseil de préfecture du département de la Dyle, les 20 juin et 4 juillet 1809, sont annulés.

2. Il sera de nouveau statué, conformément aux lois, sur la contravention constatée par le procès-verbal du 12 janvier 1808, ci-dessus désigné.

3. Notre ministre de l'intérieur est chargé de l'exécution du présent décret, qui sera inséré au Bulletin des lois.

Signé NAPOLÉON.

Par l'empereur :

Le ministre secrétaire d'état,

Signé H. B. duc DE BASSANO.

(N° 632.) *Ordonnance du roi qui rectifie l'article 27 du décret du 23 juin 1806, concernant le poids des voitures et la police du roulage, et renouvelle, en tant que de besoin, les dispositions des lois, décrets et réglemens relatifs aux voitures publiques.*

Au château des Tuileries, le 25 novembre 1814.

LOUIS, par la grâce de Dieu, roi de France

et de Navarre, à tous ceux qui ces présentes verront, salut :

Sur le rapport de notre ministre secrétaire d'état au département de l'intérieur ;

Vû les articles 5, 6, 7 et 27 du décret du 23 juin 1806, concernant le poids des voitures et la police du roulage ;

Considérant que, d'après l'article 7, il est accordé cent kilogrammes de tolérance sur le poids fixé par l'article 6, des voitures publiques, diligences, messageries, fourgons, allant en poste ou avec relais et berlines ;

Qu'aux termes de l'article 5, la tolérance de deux cents et de trois cents kilogrammes n'est accordée que sur le poids des voitures de roulage, telles que les charrettes et chariots ;

Considérant que le silence de l'article 7 du décret précité relativement aux voitures publiques et messageries tendrait à laisser impunies les contraventions desdites voitures, lorsque leur chargement excède, outre le poids fixé par l'article 6, la tolérance de cent kilogrammes accordée par l'article suivant ;

Considérant que toute extension à ce sujet serait non seulement contraire à l'esprit de la loi, mais encore qu'il en résulterait un préjudice incalculable pour la viabilité des routes, et un danger pour la sûreté des voyageurs;

Notre Conseil d'état entendu,

Nous avons ordonné et ordonnons ce qui suit :

Art 1er L'article 27 du décret du 23 juin 1806, concernant le poids des voitures et la police du roulage, est rectifié, en ce sens que les contraventions des voitures publiques, diligences, messageries, fourgons et berlines, seront punies des peines portées audit article, à partir d'un excédant de cent kilogrammes sur les chargemens fixés par l'article 6 dudit décret.

2. Sont et demeurent renouvelées, en tant que de besoin, les dispositions des lois, décrets et réglemens relatifs aux voitures publiques, et notamment la défense contenue en l'art. 6 du décret du 28 août 1808, d'admettre dans lesdites voitures un plus grand nombre de voyageurs que celui énoncé dans les déclarations; et d'en placer aucun sur l'impériale; ladite défense comprenant même le conducteur, qui ne peut, à cet égard, prétendre aucun droit d'exception : le tout sous les peines portées auxdits lois, décrets et réglemens, et aux anciennes ordonnances.

3. Notre ministre secrétaire d'état au département de l'intérieur est chargé de l'exécution de la présente, qui sera insérée au Bulletin des lois.

Donné au château des Tuileries, le 24 décembre de l'an de grâce 1814, et de notre règne le vingtième.

Signé LOUIS.

Par le roi :

Le ministre secrétaire d'état de l'intérieur,

Signé l'abbé DE MONTESQUIOU.

(N° 10,806.) *Ordonnance du Roi relative au chargement des voitures qui parcourent les routes sur des roues dont les jantes seraient de de largeur inégale.*

Au château des Tuileries, le 20 juin 1821.

LOUIS, par la grâce de Dieu, roi de France et de Navarre, à tous ceux qui ces présentes verront, salut :

Sur le rapport de notre ministre secrétaire d'état de l'intérieur ;

Vû la loi du 27 février 1804 (7 ventôse an XII), la loi du 19 mai 1802 (29 floréal an X), et le décret du 23 juin 1806, qui ont réglé tant la largeur des jantes de roue que le chargement des voitures de roulage et des voitures publiques parcourant les routes, et autorisent la circulation des voitures à quatre roues qui auraient des voies inégales, c'est-à-dire, dont la longueur de l'essieu de derrière excéderait celle de l'essieu de devant ;

Vû notre ordonnance du 4 février 1820, qui a déterminé ces voies ;

Considérant que cette différence dans la largeur des voies a servi de prétexte pour en établir une entre la largeur des jantes des roues de devant et la largeur des roues de derrière, et éluder ainsi les dispositions des lois et réglemens sur la police du roulage ;

Voulant prévenir les difficultés qui s'éleveraient relativement aux moyens de constater les contraventions résultant de l'emploi des roues à jantes inégales, et à l'application des peines encourues, à raison de ces contraventions ;

Notre Conseil d'état entendu,

Nous avons ordonné et ordonnons ce qui suit :

Art. 1er. Le chargement de toute voiture parcourant les routes sur des roues dont les jantes seraient de largeur inégale, ne pourra être au-dessus du poids déterminé sur la dimension des jantes les plus étroites par le tarif inséré dans le décret du 23 juin 1806.

En conséquence, l'excédant de ce poids sera réputé surcharge, et les contrevenans seront passibles des amendes prononcées, pour excès de chargement, par la loi du 19 mai 1802 (29 floréal an x) et par ledit décret.

Art. 2. Notre ministre secrétaire d'état de l'intérieur est chargé de l'exécution de la présente ordonnance, qui sera insérée au Bulletin des lois.

Donné en notre château des Tuileries, le 28 juin, l'an de grâce 1821, et de notre règne le vingt-septième.

Signé LOUIS.

Par le roi :

Le ministre secrétaire d'état au département de l'intérieur, Signé SIMÉON.

Extrait d'une circulaire de M. le préfet de police.

Du 6 décembre 1821.

Monsieur, le Conseil de préfecture a jugé qu'il convenait de considérer les dispositions de l'art. 9 du décret du 23 juin 1806, comme applicables aux voitures des carrières, chargées de deux blocs de pierre seulement; il a reconnu que lorsqu'un seul bloc ne suffisait pas pour la force de la voiture, il était en quelque sorte impossible que le second bloc destiné à compléter le chargement fût d'un poids assez exact pour faire la charge requise, sans dépasser le tarif; mais afin d'éviter tout abus, il a pris pour règle de ses décisions, que la tolérance dont les voituriers pouvaient être admis à jouir pour le transport de deux blocs, n'excéderaient pas 500 kilog., y compris la tolérance accordée à toutes les voitures pour toutes les saisons, par l'art. 5 du décret précité.

(N° 12,621.) *Ordonnance du roi, qui annulle un arrêté du Conseil de préfecture du département de la Seine, relatif à une contravention aux lois et réglemens sur la police du roulage.*

A Paris, le 17 avril 1822.

LOUIS, par la grâce de Dieu, roi de France et de Navarre;

Sur le rapport du comité du contentieux;

Vû le pourvoi élevé par notre ministre de l'intérieur contre un arrêté du Conseil de préfecture du département de la Seine, du 9 mars 1821, qui déclare que le sieur *Jacques Chaland*, surpris en contravention aux lois et réglemens sur la police du roulage, pour excès de chargement, n'est pas passible d'amende; ledit pourvoi enregistré au secrétariat général de notre Conseil d'état, le 5 décembre 1821, et tendant à l'annullation dudit arrêté;

Vû le mémoire en défense pour le sieur *Chaland*, voiturier, demeurant à Paris, rue Saint-Dominique au Gros-Caillou, n. 36; ledit mémoire enregistré audit secrétariat général, le 17 janvier 1822, et tendant à ce que, sans nous arrêter à l'appel interjeté par notredit ministre, lequel appel demeurera comme non avenu, il nous plaise confirmer l'arrêté attaqué, et ordonner en conséquence qu'il recevra son exécution pleine et entière;

Vû la lettre du préfet de police du département de la Seine, du 5 septembre 1821, contenant des observations sur l'objet de la contestation;

Vû l'arrêté attaqué du Conseil de préfecture du département de la Seine, du 9 mars 1821, qui tend à établir que, lorsqu'un voiturier passe devant un pont à bascule avant de commencer son voyage, on doit supposer qu'il a l'intention de vérifier le poids de sa voiture pour éviter de s'exposer à la contravention; que d'ailleurs c'est au préposé à avertir le conducteur de la faculté qui lui est accordée de faire vérifier son chargement, et que s'il ne le fait pas, le voiturier ne peut être en faute; qu'enfin, n'ayant pas encore emprunté la route, il ne l'a point dégradée, et n'est passible d'aucun dommage; que seulement il doit décharger l'excédant s'il y en a, et payer au préposé la rétribution qui lui est allouée pour le pesage;

Vû la loi du 29 floréal an X, celle du 7 ventôse an XII, et le décret du 23 juin 1806;

Vû toutes les pièces produites;

Considérant que c'est aux propriétaires de voitures et aux rouliers à déclarer s'ils veulent user de la faculté qui leur est réservée par l'art. 12 du décret du 23 juin 1806 de faire peser leurs voitures avant de commencer un voyage ; que les préposés n'ont point été assujettis à les avertir des précautions qu'ils doivent prendre en ce cas, et qu'en effet, quand une voiture passe devant un pont à bascule, le préposé ignore si c'est le commencement ou la continuation d'un voyage ;

Considérant que les amendes fixées par ledit décret sont encourues par le seul fait de la surcharge, sans qu'il soit nécessaire de faire constater si cette surcharge a plus ou moins dégradé la route ; qu'aux termes dudit décret, il est expressément question d'amendes, et non de réparations de dommage ;

Considérant que le pavé des villes dans le prolongement des routes fait essentiellement partie desdites routes et est compris au budget des ponts et chaussées ; qu'ainsi l'on ne peut pas dire qu'une route commence au pont à bascule qui serait placé à la barrière d'une ville ; que d'ailleurs beaucoup de villes n'ont pas même de pont à bascule ;

Considérant que le Conseil de préfecture du département de la Seine a méconnu ces principes dans son arrêté du 9 mars 1821 ;

Dans l'espèce, considérant que le sieur

Chaland a agi de bonne foi; qu'il ne fait pas profession de roulage, et qu'il est dans un état constaté d'indigence;

Notre Conseil d'état entendu,

Nous avons ordonné et ordonnons ce qui suit:

Art. 1er. L'arrêté du Conseil de préfecture du département de la Seine, du 9 mars 1821, est annulé.

2. L'amende encourue par le sieur *Chaland* est modérée à un franc.

3. Notre garde des sceaux, ministre secrétaire d'état au département de la justice, et notre ministre secrétaire d'état au département de l'intérieur, sont chargés, chacun en ce qui le concerne, de l'exécution de la présente ordonnance qui sera insérée au Bulletin des lois.

Donné à Paris, le 17 avril de l'an de grâce 1822, et de notre règne le vingt-septième.

Signé LOUIS.

Par le roi:

Le garde des sceaux, ministre secrétaire d'état au département de la justice,

Signé DE PEYRONNET.

(N° 14,850.) *Ordonnance du roi, portant rectification de l'art. 27 du décret du 23 juin 1806, concernant le Poids des Voitures et la police du roulage.*

Au château des Tuileries, le 21 mai 1823.

LOUIS, par la grâce de Dieu, roi de France et de Navarre, à tous ceux qui ces présentes verront, salut :

Sur le rapport de notre ministre secrétaire d'état au département de l'intérieur ;

Vû les art. 3, 4, 5 et 27 du décret du 23 juin 1806, contenant réglement sur la police du roulage ;

Vû notre ordonnance du 24 décembre 1814, relative à la manière de constater les surcharges des diligences et messageries ;

Considérant que l'art. 5 dudit décret accorde une tolérance de deux cents kilogrammes aux charrettes, et de trois cents kilogrammes aux chariots, sur les poids fixés par les art. 3 et 4, et qu'il n'entre pas dans l'esprit de ce décret d'admettre une tolérance autre que celle prévue par l'art. 5 ;

Considérant que l'on pourrait conclure de la rédaction de l'art. 27, d'après lequel l'amende n'est encourue qu'à partir d'une surcharge de vingt myriagrammes ou deux cents kilogrammes, qu'il y aurait lieu à admettre une seconde tolérance indépendante de celle portée par l'art. 5 ;

Notre Conseil d'état entendu,

Nous avons ordonné et ordonnons ce qui suit :

Art. 1er. L'art. 27 du décret du 23 juin 1806, concernant le poids des voitures et la police du roulage, est rectifié en ce sens, que les surcharges des voitures mentionnées aux art. 3 et 4 de ce décret commenceront au point où le poids de ces voitures excédera celui fixé par ces articles et la tolérance accordée par l'art. 5.

En conséquence, les amendes résultant dudit article 27, pour excès de chargement, à partir des quantités réglées par les articles 3 et 4 et augmentées de la tolérance, seront appliquées ainsi qu'il suit :

De 0 à 60	myriagrammes	....	25f
De 60 à 120	idem.	....	50.
De 120 à 180	idem.	....	75.
De 180 à 240	idem.	....	100.
De 240 à 300	idem.	....	150.
Et au-dessus de 300	idem.	....	300.

2. Notre ministre secrétaire d'état au département de l'intérieur est chargé de l'exécution de la présente ordonnance, qui sera insérée au Bulletin des lois.

Donné en notre château des Tuileries, le

21e jour du mois de mai de l'an de grâce 1823, et de notre règne le vingt-huitième.

Signé Louis.

Par le roi :

Le ministre secrétaire d'état au département de l'intérieur,

Signé Corbière.

ORDONNANCE DU ROI,

Du 4 juin 1823.

Louis, etc.

Vû le pourvoi introduit par notre ministre de l'intérieur, contre deux arrêtés du Conseil de préfecture du département de la Seine, rendus en matière de roulage; ledit pourvoi enregistré au secrétariat général de notre Conseil d'état, le 9 novembre 1822 ;

Vû les observations du préfet de police du département de la Seine, sur l'objet du présent pourvoi ;

Vû les arrêtés attaqués du Conseil de préfecture du département de la Seine, du 19 juillet 1822, portant qu'il n'y a lieu de faire payer aux sieurs Martin et Lebert les dommages fixés par le tarif compris dans le décret du 23 juin 1806 ;

Vû l'art. 12 du décret du 23 juin 1806 ;

Vû toutes les pièces produites ;

Considérant que la disposition facultative de l'art. 12 du décret du 23 juin 1806, n'est applicable qu'aux voituriers qui réclament le pesage avant de commencer leur voyage ;

Considérant que, dans l'espèce, les voitures des sieurs Martin et Lebert étaient chargées de pierres pour l'approvisionnement de Paris, et qu'en arrivant à la barrière, elles n'étaient pas au commencement de leur voyage ; que, dès lors, il n'y avait pas lieu de leur appliquer le cas d'exception prévu par l'art. 12 du décret du 23 juin 1806 ;

Considérant, néanmoins, qu'il est reconnu par le Conseil de préfecture, que les sieurs Martin et Lebert ont agi de bonne foi ;

Notre Conseil d'état entendu,

Nous avons ordonné et ordonnons ce qui suit :

Art. 1er. Les arrêtés du Conseil de préfecture du département de la Seine, du 19 juillet 1822, sont annulés.

Art. 2. Il est fait remise entière de l'amende encourue par les sieurs Martin et Lebert.

CIRCULAIRE DU 10 MAI 1827.

Le directeur-général des ponts et chaussées et des mines (M. Becquey), *à MM. les préfets.*

Monsieur le préfet,

Les lois et réglemens relatifs à la police du roulage tolèrent des chargemens considérables ; néanmoins les voitures de roulage et celles des messageries excèdent souvent les limites fixées pour les transports sur les routes classées.

Cet abus a les plus fâcheux résultats, car il entraîne la détérioration des communications les plus nécessaires à une époque où les ressources, affectées à leur entretien, sont loin de suffire à leurs besoins.

On ne pourrait le souffrir sans courir le risque de voir les routes interceptées et la circulation suspendue sur un grand nombre de points du royaume. Il est donc d'une extrême importance de sévir et avec persévérance contre ceux qui, sans égard aux dommages qu'ils occasionnent, surchargent leurs voitures. Je vous prie de donner les ordres les plus précis aux préposés aux ponts à bascule, de peser toute voiture qu'ils croiront en surcharge, et d'en peser toujours le plus grand nombre possible, afin de constater les contraventions et de mettre l'administration en mesure d'en poursuivre la répression. Je désire que vous fassiez exercer, et que MM. les ingénieurs exercent de leur côté, la plus grande surveillance sur ces préposés ; on ne doit rien négliger pour les amener à remplir leurs fonctions avec la plus grande exactitude.

Des plaintes s'élèvent depuis longtems sur la manière dont beaucoup d'entr'eux font leur service. On va même jusqu'à regarder, par ce motif, les ponts à bascule comme inutiles; mais si ces agens sont surveillés comme ils doivent l'être, on ne contestera plus les avantages qu'offre ce service ; les infractions aux réglemens du roulage seront punies, et les routes seront moins exposées à être détériorées. De ces précautions doivent résulter des améliorations sensibles dans l'état de nos communications.

Les réglemens prononcent des amendes contre ceux qui surchargent les voitures ; mais on ne craint pas de les enfreindre, parce que les bénéfices des surcharges excèdent presque toujours ce que le paiement de l'amende expose à perdre.

Il faut absolument employer à l'égard des contrevenans le moyen prescrit par l'art. 44 du décret du 23 juin 1806, et que j'ai déjà recommandé par ma circulaire du 29 mai 1822, celui de décharger toute voiture de l'excédant du poids qui aura été constaté. Je vous prie donc d'obliger les préposés aux ponts à bascule de votre département, à exécuter rigoureusement cet article, tant à l'égard des voitures de roulage que de celles des messageries dont le chargement excessif excite des plaintes continuelles et que je crois fondées.

Je vous prie de m'accuser réception de la la présente dont j'adresse une ampliation à chacun de MM. les ingénieurs de votre département, afin qu'ils sachent bien que je compte sur leur zèle dans la surveillance qu'exige l'exécution des réglemens relatifs, et qu'ils doivent redoubler d'attention pour que le pesage des voitures se fasse désormais avec plus d'exactitude.

Extrait de l'ordonnance du préfet de police, du 12 mai 1828, concernant le Transport des Pierres dans Paris,

Art. 7. Il est enjoint aux voituriers et conducteurs de pierres, de régler le poids de leurs voitures, conformément aux fixations déterminées par les art. 3, 4 et 5 du décret du 23 juin 1806, sous peine des dommages rappelés par l'art. 27 du même réglement.

8. La vérification du poids desdites voitures continuera d'être faite sur les ponts à bascule.

En cas de contravention, le conducteur ne pourra continuer sa route qu'après avoir déchargé sa voiture de l'excédant du poids constaté (art. 44 du décret du 23 juin 1806).

9. A chacune des barrières désignées par l'art. 1er de la présente ordonnance, où il n'y aura pas de pont à bascule, il sera tenu constamment affiché un tableau indiquant, d'après le résultat des expériences faites par MM. les ingénieurs des ponts et chaussées, le chargement en pierres de taille ou moellons, qui peut être approximativement transporté, en raison de la largeur des jantes des roues des voitures, sans excéder le tarif du poids accordé, tant depuis le 1er novembre jusqu'au 1er avril que pendant les sept autres mois de l'année.

10. Les voitures de pierre de taille ou de moellons, dont le chargement excéderait les indications mentionnées au tableau prescrit par l'article précédent, seront présumées en contravention; en conséquence, l'entrée dans Paris par toute barrière dépourvue de pont à bascule, leur sera interdite, à moins que le conducteur ne décharge préalablement

l'excédant du cube indiqué au tableau ; dans le cas contraire, il sera tenu de conduire sa voiture au pont à bascule le plus voisin, pour y faire constater son poids réel.

Tableau des chargemens approximatifs.

	CUBE des chargemens	
	d'hiver.	d'été.
Pierres de taille.		
Voitures à jantes, de 0m 17, chargées de 2 blocs	1. 41.	1. 82.
Voitures à jantes, de 0m 17, chargées de plus de 2 blocs	1. 28.	1. 69
Moellons.		
Voitures à jantes, de 0m 17	1. 98.	2. 54.
Id. *Id.* de 0m 14	1. 41.	1. 81.

(N° 8770.) *Ordonnance du roi, portant réglement sur les Voitures publiques.*

Au château de Saint-Cloud, le 16 juillet 1828.

CHARLES, par la grâce de Dieu, roi de France et de Navarre, à tous ceux qui ces présentes verront, salut :

Sur le rapport de notre ministre secrétaire d'état au département de l'intérieur ;

Notre Conseil d'état entendu,

Nous avons ordonné et ordonnons ce qui suit :

TITRE PREMIER.

Art. 1er. Les propriétaires ou entrepreneurs de voitures publiques allant à destination fixe, se présenteront, dans la quinzaine de la publication de la présente ordonnance, dans le département de la Seine, devant le préfet de police, et dans les autres départemens, devant les préfets ou sous-préfets, pour faire la déclaration du nombre de places qu'elles contiennent, du lieu de leur destination, du jour et de l'heure de leur départ, de leur arrivée et de leur retour, à peine d'être poursuivis conformément à l'article 3, titre III de la loi du 29 août 1790.

Toute nouvelle entreprise est soumise à la même déclaration.

Lorsqu'un propriétaire ou entrepreneur de voitures publiques augmentera ou diminuera le nombre de ses voitures, ou le nombre de places de chacune d'elles, lorsqu'il changera le lieu de sa résidence ou qu'il transférera son entreprise dans une autre commune, il en fera la déclaration préalable, ainsi qu'il a été dit ci-dessus.

2. Aussitôt après la déclaration, les préfets ou sous-préfets ordonneront la visite desdites voitures par des experts nommés par eux, afin de constater si elles sont entièrement conformes à ce qui est prescrit par la présente ordonnance, et si elles n'ont aucun vice de construction qui puisse occasionner des accidens.

Néanmoins, les voitures actuellement en construction et qui seront présentées à l'examen des experts dans les trois mois de la publication de la présente ordonnance, ne seront point assujetties aux dispositions prescrites par les articles 10 et 13 qui suivent, pourvu cependant qu'elles soient construites suivant toutes les règles de l'art.

Aucune voiture ne pourra être mise pour la première fois en circulation avant la délivrance de l'autorisation du préfet rendue sur le rapport des experts.

Dans le cas où les voitures actuellement en circulation seraient reconnues avoir dans leur construction des défectuosités assez graves pour amener des accidens, le préfet, après avoir entendu les experts, pourra en défendre la circulation jusqu'à ce que ces défectuosités aient été corrigées.

Les entrepreneurs auront, dans tous les cas, la faculté de nommer, de leur côté, un expert qui opérera contradictoirement avec ceux de l'administration.

Le préfet prononcera au vu du rapport de ces experts.

Les visites des voitures ne pourront être faites qu'au principal établissement de chaque entreprise.

3. Le préfet transmettra au directeur des contributions indirectes copie par extrait des autorisations par lui accordées en vertu de l'article précédent.

Les directeurs ne délivreront l'estampille prescrite par l'art. 117 de la loi du 25 mars 1817, que sur le vu de cette autorisation, qu'ils inscriront sur un registre.

4. Chaque voiture portera à l'extérieur le nom du propriétaire ou de l'entrepreneur, et l'estampille délivrée par l'administration des contributions indirectes.

5. Elle portera dans l'intérieur l'indication du nombre des places qu'elle contient, ainsi que le numéro et le prix de chaque place, du lieu du départ à celui de la destination.

Les propriétaires ou entrepreneurs de voitures publiques ne pourront y admettre un plus grand nombre de voyageurs que celui que porte l'indication ci-dessus.

6. Les propriétaires ou entrepreneurs de voitures publiques tiendront registre du nom

des voyageurs qu'ils transporteront. Ils enregistreront également les ballots, malles et paquets dont le transport leur sera confié.

Copie de cet enregistrement sera remise au conducteur, et un extrait, en ce qui le concerne, sera pareillement remis à chaque voyageur avec le numéro de sa place.

Les registres dont il s'agit au présent article seront sur papier timbré, cotés et paraphés par le maire.

7. Les conducteurs des voitures publiques ne pourront prendre en route aucun voyageur ni recevoir aucun paquet, sans en faire mention sur les feuilles qui leur auront été remises au lieu du départ.

TITRE II.

De la Construction, du Chargement et du Poids des Voitures.

8. Les voitures publiques seront d'une construction solide, et pourvues de tout ce qui est nécessaire à la sûreté des voyageurs.

Les propriétaires ou entrepreneurs seront poursuivis à raison des accidens arrivés par leur négligence, sans préjudice de leur responsabilité civile, lorsque les accidens auront lieu par la faute ou la négligence de leurs préposés.

9. Les voitures publiques auront au moins un mètre soixante-deux centimètres de voie entre les jantes de la partie des roues pesant sur le sol.

La voie des roues de devant ne pourra être moindre, lorsque les voies seront inégales, d'un mètre cinquante-neuf centimètres.

Néanmoins, notre ministre de l'intérieur pourra, sur la proposition motivée des préfets, autoriser les entrepreneurs qui exploitent les routes à travers les montagnes non desservies par la poste, à donner une largeur de voie égale à la plus large voie en usage dans le pays.

10. La distance entre les deux axes des deux essieux dans les voitures publiques à quatre roues ne pourra être moindre de deux mètres, lorsqu'elles ont deux ou trois caisses, ou deux caisses et un panier, ni d'un mètre soixante centimètres, lorsqu'elles n'ont qu'une caisse : néanmoins, le préfet de police pourra autoriser une moindre distance entre les essieux, pour les voitures dites *des environs de Paris* qui n'auront pas de chargement sur leur impériale.

11. Les essieux seront en fer corroyé, et fermés à chaque extrémité d'un écrou assujetti d'une clavette. Les voitures publiques seront constamment éclairées pendant la

nuit, soit par une forte lanterne placée au milieu de la caisse de devant, soit par deux lanternes placées aux côtés.

12. Toute voiture publique sera munie d'une machine à enrayer, au moyen d'une vis de pression agissant sur les roues de derrière ; cette machine devra être construite de manière à pouvoir être manœuvrée de la place assignée au conducteur.

En outre de la machine à enrayer, les les voitures publiques devront être pourvues d'un sabot, qui sera placé par le conducteur à chaque descente rapide.

Les préfets pourront néanmoins autoriser a suppression de la machine à enrayer et lu sabot aux voitures qui parcourent *uniquement* un pays de plaine.

13. La partie des voitures publiques appelée *la berline* sera ouverte par deux portières latérales ; la caisse dite *le coupé* ou *le cabriolet* sera également ouverte par deux portières latérales, à moins qu'elle ne s'ouvre par le devant ; la caisse de derrière, dite *la galerie* ou *la rotonde*, pourra n'avoir qu'une portière ouverte à l'arrière. Chaque portière sera garnie d'un marchepied.

14. Il pourra être placé sur l'impériale les voitures publiques une banquette destinée au conducteur et à deux voyageurs ; le

siége de cette banquette sera posé immédiatement sur cette impériale.

Elle ne pourra être recouverte que d'une capote flexible.

Aucun paquet ne pourra être placé sur cette banquette.

15. Une vache, en une ou plusieurs parties, pourra être placée sur l'impériale; le fond de cette vache aura dans sa longueur et dans sa largeur un centimètre de moins que l'impériale; elle sera recouverte par un couvercle incompressible, bombé dans son milieu.

Lorsqu'il y aura sur le train de derrière d'une voiture publique un coffre au lieu de galerie ou rotonde, il devra aussi être fermé par un couvercle incompressible.

Les entrepreneurs qui le préféreront pourront continuer à se servir d'une bâche flexible; mais le *maximum* de hauteur du chargement sera déterminé par une traverse en fer, divisant le panier en deux parties égales. La bâche devra être placée au-dessous de cette traverse, dont les montans, au moment de la visite prescrite par l'article 2, seront marqués d'une estampille constatant qu'ils ne dépassent pas la hauteur prescrite, et ils devront, ainsi que la traverse, être constamment apparens.

Une pareille traverse devra être placée à

la même hauteur sur le coffre qui remplace la galerie ou rotonde, dans le cas où le couvercle incompressible ne serait pas mis en usage.

Aucune partie du chargement ne pourra dépasser la hauteur de la traverse, ni l'aplomb de ses montans en largeur.

16. Il ne pourra être attaché aucun objet, ni autour de l'impériale, ni en dehors du couvercle incompressible ou de la bâche.

17. Nulle voiture publique à quatre roues ne pourra avoir, du sol au point le plus élevé du couvercle de la vache ou du coffre de derrière, plus de trois mètres, quelle que soit la hauteur des roues.

Nulle voiture publique à deux roues ne pourra avoir entre les mêmes points plus de deux mètres soixante centimètres.

18. Deux ans après la promulgation de la présente ordonnance, le poids des voitures publiques, diligences et messageries et des fourgons allant en poste ou avec des relais, sera fixé, savoir :

Avec bandes de 8 centimètres, à 2560 kilogrammes ;
Idem. . . . de 11 idem . . . . à 3520 idem ;
Idem. . . . de 14 idem . . . . à 4000 idem.

Jusqu'alors ces poids pourront être, ainsi qu'ils sont en ce moment, savoir :

Avec bandes de 8 centimètres, de 2560 kilog ;
Idem. . . . de 11 idem . . . . de 3520 idem ;
Idem . . . . de 14 idem . . . . de 4480 idem.

19. Il est accordé une tolérance de cent kilogrammes sur les chargemens fixés par l'article précédent, au-delà de laquelle les contraventions seront rigoureusement constatées et poursuivies, conformément à la loi du 29 floréal an x et au décret du 23 juin 1806.

20. En conséquence, les employés aux ponts à bascule seront tenus, sous peine de destitution, de peser, au moins une fois par trimestre, une des voitures publiques, par chaque route desservie.

En cas de contravention, ils en dresseront procès verbal, et il y sera statué par le maire du lieu, et à Paris, par le préfet de police, conformément aux articles 7, 8 et 9 du même décret du 23 juin 1806.

Ils tiendront registre de ces opérations, et il en sera rendu compte tous les mois à notre ministre de l'intérieur.

21. Les autorités civiles et militaires seront tenues de protéger les préposés, de leur prêter main-forte, de poursuivre et faire poursuivre, suivant la rigueur des lois, les auteurs et complices des violences commises envers eux ; et ce, tant sur la clameur publique que sur les procès-verbaux dressés par

lesdits préposés, par eux affirmés, et remis par eux à la gendarmerie.

22. Il est, en conséquence, ordonné à tout gendarme en fonctions de s'arrêter dans sa tournée à chaque pont à bascule qui se trouvera sur sa route, de recevoir les déclarations que les préposés auraient à lui faire, et de se charger des procès-verbaux des délits qui auraient été commis contre eux pour les déposer au greffe.

23. Tout voiturier ou conducteur qui, pour éviter de passer un pont à bascule, se détournerait de la route qu'il parcourait, sera tenu, sur la réquisition des préposés, de la gendarmerie ou autres agens qui surveilleront le service des ponts à bascule, de conduire sa voiture pour être pesée sur ce pont à bascule.

24. Tout voiturier ou conducteur pris en contravention pour excédant du poids fixé par la présente ordonnance ne pourra continuer sa route qu'après avoir réalisé le paiement des dommages, et déchargé sa voiture de l'excédant du poids qui aura été constaté; jusque-là, ses chevaux seront tenus en fourrière à ses frais, ou il fournira caution.

TITRE III.

Du Mode de conduite des Voitures publiques.

25. A dater du 1.er janvier prochain, toute voiture publique, attelée de quatre chevaux et plus, devra être conduite par deux postillons, ou par un cocher et un postillon.

Pourront néanmoins être conduites par un seul cocher ou postillon les voitures publiques attelées de cinq chevaux au plus, lorsqu'aucune partie de leur chargement ne sera placée dans la partie supérieure de la voiture, et qu'il sera en totalité placé soit dans un coffre à l'arrière, soit en contrebas des caisses, et lorsqu'en outre le conducteur seul aura place sur l'impériale.

Les voitures dites *des environs de Paris*, qui se rendront dans les lieux déterminés par le préfet de police, pourront être conduites par un seul homme, quoiqu'attelées de quatre chevaux : au-delà de ce nombre de chevaux, elles devront être conduites par deux hommes.

26. Les postillons ne pourront, sous aucun prétexte, descendre de leurs chevaux. Il leur est expressément défendu de conduire les voitures au galop sur les routes, et autrement qu'au petit trot dans les villes ou com-

munes rurales, et au pas dans les rues étroites.

TITRE IV.

De la Police des Relais et des Postillons.

27. Tout entrepreneur ou propriétaire de voitures publiques qui ne sont pas conduites par les maîtres de poste devra, un mois après la publication de la présente ordonnance, faire à Paris, à la Préfecture de Police, et à la Préfecture de chaque département où ses relais sont établis, la déclaration des lieux où ils sont placés, et du nom de l'entrepreneur, ou, si les chevaux lui appartiennent, du préposé à chaque relais.

Toutes les fois que cet entrepreneur ou ce préposé changera, la déclaration devra en être également faite aux mêmes autorités.

28. A Paris, le préfet de police, et, dans les départemens, le maire de la commune où le relais est placé, prévenu par le préfet du département, surveillera la tenue du relais sous le rapport de la sûreté des voyageurs.

29. Tout chef d'un bureau de départ et d'arrivée d'une voiture publique, tout entrepreneur ou préposé à un relais, tiendra un registre coté et paraphé par le maire, dans lequel les voyageurs pourront inscrire les plaintes qu'ils auraient à former contre

les postillons pour tout ce qui concerne la conduite de la voiture. Ce registre leur sera présenté à toute réquisition.

Les maîtres de poste qui conduiraient des voitures publiques présenteront aux voyageurs qui le requerront le registre qu'ils sont obligés de tenir d'après le réglement des postes.

30. La conduite des voitures publiques ne pourra être confiée qu'à des hommes pourvus de livrets délivrés par le maire de la commune de leur domicile, sur une attestation de bonnes vie et mœurs et de capacité à conduire. Ces hommes devront être âgés au moins de seize ans accomplis.

Aussitôt qu'un entrepreneur de relais, ou un préposé aux relais qui appartiendront à un entrepreneur de voitures publiques, recevra un cocher ou un postillon, il devra déposer son livret chez le maire de la commune, lequel vérifiera si aucune note défavorable et de nature à le faire douter de la capacité du postillon n'y est inscrite.

Dans ce cas, il en référera au préfet, et, en attendant sa décision, le postillon ne pourra être admis.

31. Lorsqu'un cocher ou postillon quittera un relais, l'entrepreneur du relais ou le préposé viendra reprendre le livret, et y inscrira, en présence du maire et du postillon,

les notes propres à faire connaître la conduite et la capacité de ce dernier. Le maire pourra, s'il le juge convenable, y inscrire ses propres observations sur la conduite du postillon, relativement à son état.

32. Au moment du relais, l'entrepreneur ou le préposé est tenu, sous sa responsabilité, de s'assurer par lui-même si les postillons en rang de départ ne sont point en état d'ivresse.

TITRE V.

Dispositions transitoires.

33. Il est accordé trois mois, à dater de la publication de la présente ordonnance, pour faire placer sur les voitures actuellement en service le couvercle incompressible ou les montans et la traverse prescrite par l'article 15.

Dans le même délai, les mêmes voitures devront être munies, indépendamment d'un sabot, d'une machine à enrayer, susceptible d'être manœuvrée de la place assignée au conducteur.

Les voitures actuellement en service pourront, sauf les exceptions portées à l'art. 12, continuer à circuler, quelle que soit la hauteur de l'impériale au-dessus du sol; mais le chargemet placé sur cette impériale ne pourra excéder une hauteur de soixante-six centimètres, mesurée de sa base au point le plus élevé.

Deux ans après la publication de la présente ordonnance, aucune voiture publique, à destination fixe, qui ne serait pas construite conformément à toutes les règles ci-dessus prescrites, ne pourra circuler dans toute l'étendue de notre royaume.

TITRE VI.

Dispositions générales.

34. Conformément aux dispositions de l'art. 16 du décret du 28 août 1808 et de l'ordonnance de 1820, les rouliers, voituriers, charretiers, continueront à être tenus de céder la moitié du pavé aux voitures des voyageurs, sous les peines portées par l'art. 475, n° 3, du Code pénal.

35. Les conducteurs de voitures publiques ou les postillons feront, en cas de contraventions, leurs déclarations à l'officier de police du lieu le plus voisin, en faisant connaître le nom du roulier ou voiturier d'après la plaque, et nos procureurs, sur l'envoi des procès-verbaux, seront tenus de poursuivre les délinquans.

36. La présente ordonnance sera constamment affichée, à la diligence des entrepreneurs, dans le lieu le plus apparent de tous bureaux de voitures publiques, soit du lieu du départ, soit du lieu d'arrivée ou de relais.

Les art. 4, 5, 6, 7, 8, 24, 25, 28 et 31, seront réimprimés à part, et constamment affichés dans l'intérieur de chacune des caisses de voitures publiques.

37. Les dispositions de la présente ordonnance ne sont pas applicables aux voitures malles-postes destinées au transport de la correspondance du gouvernement et du public, la forme, les dimensions et le chargement de ces voitures étant déterminés par des réglemens particuliers soumis à notre approbation.

Les voitures de particuliers qui transportent les dépêches par entreprise ne sont pas considérées comme malles-postes.

38. Les voitures publiques qui desservent les routes des pays voisins et qui partent de l'une de nos villes frontières ou qui y arrivent, ne sont pas soumises aux règles ci-dessus prescrites. Elles devront toutefois être solidement construites.

39. Nos préfets et sous-préfets, nos procureurs généraux et ordinaires, les maires et adjoints, la gendarmerie et tous nos officiers de police, sont chargés spécialement de

veiller à l'exécution de la présente ordonnance, de constater les contraventions et d'exercer les poursuites nécessaires à leur répression.

40. Le décret du 28 août 1808 et nos ordonnances des 4 février 1820 et 27 septembre 1827 sont rapportés.

41. Nos ministres de l'intérieur, de la guerre, de la justice et des finances, sont chargés, chacun en ce qui le concerne, de l'exécution de la présente ordonnance, qui sera insérée au Bulletin des lois.

Donné en notre château de Saint-Cloud, le seizième jour du mois de juillet, l'an de grâce 1828, et de notre règne le quatrième.

Signé CHARLES.

Par le roi :

Le ministre secrétaire d'état au département de l'intérieur, Signé DE MARTIGNAC.

Extrait de l'ordonnance de police, du 19 *août* 1828.

Art. 5. Pour faciliter l'exécution de l'article précédent, les entrepreneurs continueront de faire peindre, sur leurs voitures, un numéro d'ordre dont la série, commençant par le chiffre premier dans chaque établissement, se prolongera indéfiniment.

Ces chiffres, de forme arabe, auront au moins 68 millimètres (environ 2 pouces 1/2) de haut et seront peints en blanc, de chaque côté de la voiture, sur la partie noire des panneaux.

6. Aussitôt l'examen de la voiture terminé, l'expert ou les experts chargés de la visite apposeront près du numéro d'ordre prescrit par l'article précédent, un timbre portant un double P.

Cette marque ne pourra être effacée qu'après déclaration de la Préfecture de Police et y avoir rapporté le procès-verbal de visite énonçant l'autorisation de roulage de la voiture.

7. Ne seront autorisées à circuler, sous la dénomination de *Voitures des environs de Paris*, et admises en conséquence à profiter de l'exception portée en l'art. 25 de l'ordonnance du roi, que celles qui ne seront pas destinées au transport des marchandises dont le chef-lieu de l'entreprise sera à Paris, et dont la destination ne sera pas située, savoir :

Sur les principales grandes routes aboutissant à Paris au-delà de Versailles, Saint-Germain, Pontoise, Beaumont, Luzarches,

Louvres, Claye, Brie-Comte-Robert, Corbeil, Lieursaint, Essonne, Arpajon.

Et sur toutes les routes secondaires, au-delà de quatre myriamètres (huit lieues). Les entrepreneurs de ces voitures feront peindre à l'extérieur et dans un endroit apparent, indépendamment des indications mentionnées en l'art. 4 de l'ordonnance du roi, l'inscription suivante : *Voitures des environs de Paris.*

Ordonnance du roi, relative à la longueur des Moyeux de Charrettes, Voitures de roulage et autres.

Château des Tuileries, le 29 octobre 1828.

CHARLES, par la grâce de Dieu, roi de France et de Navarre, à tous ceux qui ces présentes verront, salut :

Vû l'article 7 de la loi du 27 février 1804 (7 ventôse an XII);

Sur le rapport de notre ministre secrétaire d'état au département de l'intérieur ;

Notre Conseil d'état entendu,

Nous avons ordonné et ordonnons ce qui suit :

Art. 1.er Dix-huit mois après la publication de la présente ordonnance, aucune charrette, voiture de roulage ou autre, ne pourra circuler, dans toute l'étendue de notre royaume, qu'avec des moyeux dont la saillie, en y comprenant celle de l'essieu, n'excédera pas de douze centimètres un plan passant par la face extérieure des jantes.

2. Toute charrette ou voiture trouvée en contravention après l'époque ci-dessus déterminée sera arrêtée et retenue, et elle ne pourra être remise en circulation qu'après que les moyeux et l'essieu auront été réduits à la longueur prescrite par l'article 1.er

3. Les contraventions seront en outre exactement constatées par des procès-verbaux, et poursuivies comme les autres contraventions en matière de roulage, sans préjudice de peines plus graves dans les cas d'accidens prévus par les lois.

4. Nos ministres secrétaires d'état de l'intérieur, de la justice et de la guerre, sont, chacun en ce qui le concerne, chargés de l'exécution de la présente ordonnance.

Donné en notre château des Tuileries, le 29 octobre de l'an de grâce 1828, et de notre règne le cinquième.

Signé CHARLES.

Par le roi :

Le ministre secrétaire d'état au département de l'intérieur, Signé DE MARTIGNAC.

PRÉFECTURE
DE POLICE.

2e Division.
3e Bureau.

Messageries.

Paris, le 16 octobre 1832.

Circulaire à MM. les préposés aux ponts à bascule de Paris.

Messieurs, l'autorité ne saurait rester indifférente aux graves et nombreux accidens qui résultent des versemens, devenus si fréquens depuis quelque tems, des voitures dites Diligences et Messageries.

Il est de son devoir de mettre enfin un terme à ces événemens déplorables, en prenant toutes les mesures nécessaires pour assurer la stricte exécution des dispositions des réglemens qui peuvent en empêcher le retour.

Les versemens des diligences doivent être en général attribués à trois causes :

1° L'excès de chargement sur l'impériale ;

2° L'extrême rapidité avec laquelle sont conduites ces voitures ;

3° Le nombre de voyageurs placés en excédant sur l'impériale.

C'est donc surtout à l'égard de ces trois contraventions qui sont prévues par les art. 14, 15 et 26 de l'ordonnance royale du 16 juillet 1828, qu'il importe que l'autorité et ses agens exercent la surveillance la plus active.

Je vous invite en conséquence, Messieurs, à redoubler de zèle pour constater, sans ménagement, toutes les contraventions aux articles précités.

Je crois utile de vous rappeler que lorsqu'une diligence ou messagerie sera conduite au galop, vous ne devrez pas seulement vous borner à dresser procès-verbal, mais vous exigerez aussi de la part du cocher ou conducteur, l'exécution immédiate de l'art. 26.

Je vous recommande, en outre, de veiller avec soin à ce que les entrepeneurs de diligences se conforment à l'art. 15 qui intéresse essentiellement la sûreté publique, et à l'inexécution duquel on doit principalement attribuer les funestes accidens qui ont lieu depuis quelque tems. Les montans en fer qui, aux termes de cet article, doivent être adaptés à l'impériale des diligences, afin de limiter la hauteur des chargemens, sont presque toujours baissés au moment du départ, de sorte que le chargement est constamment élevé outre mesure. Toutes les fois que vous apercevrez des diligences dépourvues de montans ou circulant avec ces montans baissés, vous devrez (outre le procès-verbal d'excès de chargement, s'il y a lieu) constater par un second procès-verbal, l'absence de ces montans.

Je vous invite, en outre, de la manière la

plus formelle, à exiger, conformément aux réglemens, le déchargement immédiat de l'excédant de poids constaté sur toute voiture prise en surcharge. Cette sage mesure, qui n'est exécutée par aucun de vous, est cependant le seul moyen de parvenir à la répression complète des contraventions pour excès de chargement. Il importe que vous cessiez d'user, envers les contrevenans, d'une indulgence aussi coupable et qui peut avoir des conséquences si fâcheuses. Je vous enjoins donc, Messieurs, de faire opérer, à l'avenir, le déchargement dont il s'agit, et à en faire mention dans votre procès-verbal. Vous serez, au besoin, soutenu par la force armée, établie aux barrières, qui a reçu des ordres à cet égard.

C'est avec regret, que si quelques-uns de vous négligeaient de se conformer à ces instructions, auxquelles j'attache la plus haute importance, je me verrais forcé de prendre contr'eux, telles mesures qu'il appartiendrait.

J'espère, Messieurs, n'avoir pas besoin de recourir à ces moyens extrêmes, et je compte au contraire sur votre zèle et votre active coopération.

Recevez, Messieurs, l'assurance de ma parfaite considération.

Le conseiller d'état, préfet de police,
Signé GISQUET.

PRÉFECTURE
DE POLICE.

2e Division.

3e Bureau.

Paris, le 9 décembre 1833.

Circulaire à MM. les préposés aux ponts à bascule de Paris.

Messieurs, par ma circulaire en date du 23 août dernier, je vous ai fait connaître la jurisprudence adoptée par le conseil de préfecture de la Seine, à l'égard des voitures servant au transport de la marée et allant en poste.

Depuis cette époque, le conseil a complété et généralisé cette jurisprudence par plusieurs décisions successives.

Il résulte de ces décisions :

1° Que les voitures *à deux roues, suspendues ou non, même allant en poste*, doivent être considérées comme *voitures de roulage*, et, comme telles, assujetties aux poids fixés par l'art. 3 du titre II du décret du 23 juin 1806;

2° Qu'une voiture *suspendue à quatre roues, conduite ou non en poste*, doit être considérée comme un fourgon, et, comme telle, assujettie aux poids fixés par l'art. 6 du décret précité;

3° Qu'une voiture *à quatre roues non suspendue* doit continuer d'être classée dans la catégorie des *chariots ou voitures de roulage à quatre roues*, et par conséquent soumise aux poids fixés par les art. 3, 4 et 5 du décret de 1806.

Je vous invite, Messieurs, à vous conformer strictement, à l'avenir, à cette jurisprudence.

Recevez, Messieurs, l'assurance de ma parfaite considération.

Le conseiller d'état, préfet de police,

Signé GISQUET.

ORDONNANCE,

Qui modifie celle du 16 juillet 1828, sur les Voitures publiques.

Au palais des Tuileries, le 23 avril 1834.

LOUIS-PHILIPPE, roi des français, à tous, présens et à venir, salut :

Sur le rapport de notre ministre secrétaire d'état au département de l'intérieur ;

Vû le décret du 23 juin 1806 et la décision réglementaire du 16 mai 1816 ;

Vû l'ordonnance royale du 16 juillet 1828;

Notre Conseil d'état entendu,

Nous avons ordonné et ordonnons ce qui suit :

Art. 1er. L'article 18 de l'ordonnance royale du 16 juillet 1828, est rapporté.

Le poids des voitures publiques, diligences et messageries et des fourgons allant en poste, ou avec des relais, demeure fixé, savoir :

Avec bandes de 8 centimètres, à 2560 kilogramm.
Idem. . . . de 11 idem . . . . à 3520 idem.
Idem. . . . de 14 idem. . . . . à 4480 idem.

Non compris la tolérance de cent kilogrammes accordée par l'article 19 de la même ordonnance.

Art. 2. Est également rapporté le premier paragraphe de l'article 25 de l'ordonnance du 16 juillet 1828, aux termes duquel toute voiture publique, attelée de quatre chevaux et plus, doit être conduite par deux postillons ou par un cocher et un postillon.

Art. 3. Notre ministre secrétaire d'état au département de l'intérieur est chargé de l'exécution de la présente ordonnance, qui sera insérée au Bulletin des lois.

Signé Louis-Philippe.

Par le roi :

Le ministre secrétaire d'état au département de l'intérieur,

Signé Thiers.

PRÉFECTURE
DE POLICE.

2e Division.

3e Bureau.

Messageries.

Paris, le 11 août 1834.

Circulaire à MM. les préposés aux ponts à bascule de Paris.

Messieurs, par ma circulaire du 16 octobre 1832, j'ai appelé votre attention sur les nombreux et graves accidens résultant des versemens fréquens des voitures publiques dites messageries.

Ces versemens, auxquels l'autorité ne saurait rester indifférente, puisqu'ils compromettent la sûreté et la vie des voyageurs, peuvent être attribués aux causes suivantes :

1° L'excès de chargement sur l'impériale ;

2° L'extrême rapidité avec laquelle ces voitures sont conduites ;

3° Les objets qui sont attachés, soit autour de l'impériale, soit en dehors du couvercle incompressible ou de la bâche ;

4° L'excédant de la hauteur du sol au point le plus élevé du couvercle de la vache ou du coffre de derrière ;

5° Le nombre des voyageurs placés en excédant sur l'impériale.

C'est donc surtout à l'égard des contraventions prévues par les art. 14, 15, 16, 17 et 26 de l'ordonnance royale du 16 juillet 1828, qu'il importe d'exercer la surveillance la plus active.

Comme des plaintes récentes prouvent que les entrepreneurs de diligences et messageries continuent à se livrer aux mêmes contraventions, et que cette inexécution ses réglemens se manifeste encore par ses déplorables résultats, je ne puis, Messieurs, que vous inviter à redoubler de zèle pour constater, sans ménagement, toutes les contraventions aux articles précités.

Vous devrez vous reporter aux instructions contenues dans ma circulaire du 16 octobre 1832, et vous y conformer avec toute la vigilance et l'exactitude que vos fonctions vous imposent.

Je crois utile de vous rappeler, Messieurs, que vous ne devez pas vous borner à constater, par des procès-verbaux, les contraventions que vous remarquerez, mais exiger que les conducteurs et postillons de ces voitures rentrent immédiatement dans l'exécution rigoureuse des réglemens.

Vous voudrez bien m'accuser réception de la présente circulaire.

Agréez, Messieurs, l'assurance de ma parfaite considération.

Le conseiller d'état, préfet de police,
Signé GISQUET.

DIRECTION GÉNÉRALE

DES PONTS ET CHAUSSÉES ET DES MINES.

POLICE DU ROULAGE.

Exécution de l'article 44 du Décret du 23 juin 1806.

CIRCULAIRE.

Paris, le 1er décembre 1834.

Monsieur, les diverses lois et ordonnances rendues successivement sur la police du roulage et des voitures publiques, contiennent toutes une disposition spéciale d'après laquelle tout voiturier ou conducteur pris en contravention, ne peut continuer sa route, qu'après avoir déchargé sa voiture de l'excédant du poids qui aura été constaté.

L'art. 44 du décret du 23 juin 1806 porte en termes exprès : « *Tout voiturier ou con-*
» *ducteur pris en contravention pour excédant*
» *de poids fixé par le présent décret*, *ne pourra*
» *continuer sa route qu'après avoir réalisé le*
» *paiement des dommages*, *et déchargé sa voi-*
» *ture de l'excédant de poids qui aura été con-*
» *staté. Jusques-là ses chevaux seront tenus en*
» *fourrière à ses frais*, *ou il fournira caution* ».

L'administration a rappelé, à plusieurs

reprises, aux préposés des ponts à bascule cette prescription de la loi et l'obligation qui leur est imposée d'en exiger l'accomplissement.

Malgré les observations réitérées qui leur ont été adressées à cet égard, j'ai appris avec regret, qu'un grand nombre de préposés se bornaient encore à constater les surcharges sans en faire opérer le déchargement, et négligeaient ainsi une des parties les plus importantes des fonctions qui leur sont confiées.

Je viens en conséquence aujourd'hui, Monsieur, vous rappeler de nouveau l'importance que l'administration attache à la stricte et rigoureuse exécution de cette partie de la loi et vous prier de concourir à cette exécution de tous vos efforts.

Le principal objet que les lois sur la police du roulage et des voitures publiques veulent atteindre, en posant des limites au poids des chargemens, est, vous le savez, d'empêcher la circulation, sur les routes, de ces masses énormes qui en défoncent les chaussées, les sillonnent d'ornières profondes et compromettent en outre, dans quelques cas, la vie des voyageurs.

Il est facile de reconnaître, dès-lors, que ces lois auraient entièrement manqué leur but, si elles s'étaient contentées de punir d'une amende les contraventions, sans prescrire le déchargement de l'excédant du poids onstaté.

Veuillez donc, Monsieur, rappeler aux préposés des ponts à bascule de votre département, qu'ils ne doivent, dans aucun cas, et sous aucun prétexte, laisser passer, sans avoir au préalable exigé le déchargement, les voitures qu'ils auraient trouvées en surcharge, et leur ordonner de constater avec soin, dans leurs procès-verbaux, que cette formalité a été scrupuleusement accomplie. L'exactitude que je recommande ici est d'autant plus importante que les voituriers et les entrepreneurs de voitures publiques ne craignent point de s'exposer à l'amende qui est couverte, et au-delà, par les bénéfices que les surcharges leur procurent. D'autre part, les intempéries de l'hiver qui placent les routes sous des influences naturelles qui altèrent l'état des chaussées et les rendent moins propres à supporter de lourds fardeaux, donnent plus de poids encore à la prescription dont je recommande l'accomplissement.

Je vous invite donc, Monsieur, à surveiller les préposés avec la plus grande sévérité et à proposer immédiatement à M. le préfet de votre département la révocation de ceux qui ne rempliraient pas leur devoir avec l'exactitude et la fidélité qui, seules, peuvent assurer un bon service. Je compte, à cet égard, sur votre zèle, pour les intérêts publics, et sur le concours actif des ingénieurs placés sous vos ordres.

Veuillez m'accuser réception de la présente circulaire et transmettre les ampliations ci-jointes à MM. les ingénieurs ordinaires et aux préposés des ponts à bascule situés dans votre département.

Recevez l'assurance, etc.

Le directeur général des ponts et chaussées,

Signé LEGRAND.

…S DE VOITURES PUBLIQUES,

…es, Messageries, Fourgons, etc.

…ril.

Pendant toute l'année.		
Poids suivant la loi.	Tolérance.	Poids total permis.
2,000.	100.	2,100.
2,300.	100.	2,400.
2,560.**	100.	2,660.
2,900.	100.	3,000.
3,200.	100.	3,300.
3,520.**	100.	3,620.
4,480.**	100.	4,580.
«	«	«
«	«	«
«	«	«

…5 av…

TABLEAU *du poids des Voitures d'après les Réglemens en vigueur.* (Page 84 bis.)

Largeur des jantes.	VOITURES DE ROULAGE à deux roues.						VOITURES DE ROULAGE à quatre roues, à voies égales.						VOITURES DE ROULAGE à quatre roues, à voies inégales.						VOITURES PUBLIQUES, Messageries, Fourgons, etc.		
	Du 1er novembre au 1er avril.			Du 1er avril au 1er novembre.			Du 1er novembre au 1er avril.			Du 1er avril au 1er novembre.			Du 1er novembre au 1er avril.			Du 1er avril au 1er novembre.			Pendant toute l'année.		
	Poids suivant la loi.	Tolérance.	Poids total permis.	Poids suivant la loi.	Tolérance.	Poids total permis.	Poids suivant la loi.	Tolérance.	Poids total permis.	Poids suivant la loi.	Tolérance.	Poids total permis.	Poids suivant la loi.	Tolérance.	Poids total permis.	Poids suivant la loi.	Tolérance.	Poids total permis.	Poids suivant la loi.	Tolérance.	Poids total permis.
6.	«	«	«	«	«	«	«	«	«	«	«	«	«	«	«	«	«	«	2,000.	100.	2,100.
7.	«	«	«	«	«	«	«	«	«	«	«	«	«	«	«	«	«	«	2,300.	100.	2,400.
8.	«	«	«	«	«	«	«	«	«	«	«	«	«	«	«	«	«	«	2,560.**	100.	2,660.
9.	«	«	«	«	«	«	«	«	«	«	«	«	«	«	«	«	«	«	2,900.	100.	3,000.
10.	«	«	«	«	«	«	«	«	«	«	«	«	«	«	«	«	«	«	3,200.	100.	3,300.
11.	2,200.	200.	2,400.	2,700.	200.	2,900.	3,300.	300.	3,600.	4,000.	300.	4,300.*	3,700.	300.	4,000.	4,000.	300.	4,700.	3,520.**	100.	3,620.
14.	3,400.	200.	3,600.	4,100.	200.	4,300.	4,700.	300.	5,000.	5,700.	300.	6,000.	5,200.	300.	5,500.	6,200.	300.	6,500.	4,480.**	100.	4,580.
17.	4,800.	200.	5,000.	5,800.	200.	6,000.	6,700.	300.	7,000.	8,100.	300.	8,400.	7,400.	300.	7,700.	8,800.	300.	9,100.	«	«	«
22.	«	«	«	«	«	«	8,700.	300.	9,000.	10,500.*	300.	10,800.	9,500.	300.	9,800.	11,400.	300.	11,700.	«	«	«
25.	6,800.	200.	7,000.	8,200.	200.	8,400.	«	«	«	«	«	«	«	«	«	«	«	«	«	«	«

* *Voir* le paragraphe 15 de la circulaire du 15 juin 1807.

** Ordonnance du 25 avril 1834.

Jantes étroites.

Barrière
d

N°

PRÉFECTURE DE POLICE

Cejourd'hui ..... mil huit cent trente ..... heure d ..... nous ..... préposé aux ponts à bascule de Paris, dûment assermenté, étant de service à la barrière d ....., en exécution du décret du 23 juin 1806, et conformément aux instructions qui nous ont été données, nous avons arrêté à ladite barrière une voiture dite ..... à ..... roues, chargée de ..... attelée d ..... chevaux ..... (1) conduite par ..... qui nous a déclaré que la voiture appartient a .....; vérification faite par nous, si cette voiture a la plaque de métal prescrite par l'art. 34 du décret précité, nous avons vu et reconnu, qu .....

Ensuite procédant, en présence dudit conducteur, à la vérification des bandes des roues de la voiture, nous avons reconnu et constaté qu'elles n'avaient qu'une largeur de ..... centimètres, ... et qu'en conséquence les jantes de cette voiture n'avaient pas la dimension prescrite par les art. 1 et 2 de la

(1) Indiquer si la voiture sortait de Paris, ou y entrait.

loi du 7 ventôse an XII, rappelée par l'article 1er du décret du 23 juin 1806. Et attendu la contravention, nous avons déclaré au conducteur, qu'aux termes de l'art. 39 dudit décret, nous allions retenir sa voiture jusqu'à la décision de M. le préfet de police, auquel le présent procès-verbal allait être adressé, si mieux il n'aimait consigner sur-le-champ, la somme de 50 fr. (non compris le décime pour franc), pour le montant des dommages déterminés par l'art. 3 de la loi précitée, ou fournir une caution solvable ou solidaire; sur quoi le conducteur (2) .....

Et pour voir statuer sur le contenu en tout ce que dessus, nous avons cité ledit ..... conducteur, et en sa personne, le propriétaire de la voiture, à comparaître dans le délai de (3) ..... jours, devant le conseil de préfecture du département de la Seine, pour présenter leurs défenses, si mieux ils n'aiment les adresser par écrit, dans le même délai,

(2) Indiquer ici si les dommages ont été consignés, ou s'il a été fourni caution. Dans ce dernier cas, la caution doit déclarer qu'elle se porte solidairement responsable des suites de la contravention, et renonce au bénéfice de discussion.

(3) Le délai est de 8 jours, pour les personnes qui résident dans le ressort de la Préfecture de Police.

Plus un jour par trois myriamètres (7 lieues environ), pour les personnes domiciliées au-delà du département de la Seine.

au secrétariat général de la Préfecture de Police, leur déclarant qu'à l'expiration dudit délai, il sera passé outre au jugement de l'affaire, tant en leur absence qu'en leur présence.

Nous avons en outre interpellé ledit conducteur de faire tels dires et observations qu'il croirait convenables, pour être insérés dans notre procès-verbal; à quoi il a répondu (4) .....

De tout quoi nous avons dressé le présent procès-verbal, qui sera par nous affirmé aux termes de la loi, le conducteur ci-devant dénommé, après lecture à lui faite dudit procès-verbal, interpellé de le signer avec nous (5) .....

Fait et clos les jour, mois et an que dessus.

(4) Transcrire les dires et observations du conducteur, ou énoncer qu'il a déclaré n'en avoir pas à faire.

(5) *L'a signé* ou bien a *déclaré ne savoir ou ne vouloir signer.*

EXCÈS
de chargement.

PRÉFECTURE DE POLICE.

Barrière
d

No

Cejourd'hui ..... mil huit cent trente ..... heure de ..... Nous ..... préposé aux ponts à bascule de Paris, dûment assermenté, étant de service à la barrière d ..... en exécution du décret du 23 juin 1806, et conformément aux instructions qui nous ont été données, nous avons arrêté à ladite barrière une voiture à ..... roues (1) ....., chargée de ..... attelée de ..... chevaux ..... (2) conduite par ..... qui nous a déclaré que la voiture appartient a ..... ; vérification faite par nous si cette voiture a la plaque de métal prescrite par l'art. 34 du décret précité, nous avons vu et reconnu, qu .....

Ensuite, nous avons requis le conducteur de placer sa voiture sur le pont à bascule, à

(1) Expliquer si c'est une voiture à voies égales, ou si au contraire la voie de derrière excède celle de devant, et dans quelles proportions.

(2) Indiquer si la voiture sortait de Paris, ou y entrait.

l'effet de nous assurer si le poids du chargement est en correspondance avec la largeur des jantes de la voiture, et procédant à ladite vérification, en présence dudit conducteur, nous avons reconnu et constaté : 1° que les bandes des roues ont une largeur de ..... centimètres; 2° que la voiture avec le chargement pèse ..... kilogrammes, ce qui excède de ..... kilogrammes le poids déterminé par le décret du 23 juin 1806; nous avons exigé, qu'en exécution de l'art. 44 du même décret, le conducteur DÉCHARGE L'EXCÉDANT, lequel consiste en (3) .....

Et, attendu la contravention, nous avons déclaré au conducteur, qu'aux termes de l'art. 39 du même décret, nous allions retenir sa voiture jusqu'à la décision de M. le préfet de police, auquel le présent procès-verbal allait être adressé, si mieux il n'aimait consigner sur-le-champ le montant des dommages réglés par le tarif à la somme de ..... francs (non compris le décime pour franc), ou fournir une caution solvable et solidaire; sur quoi, le conducteur (4) .....

(3) La personne à qui la garde est confiée doit être dénommée; elle doit même signer ou être interpellée de signer.

(4) Indiquer ici si l'amende a été consignée, ou s'il a été fourni caution. Dans ce dernier cas, la caution doit déclarer qu'elle se porte solidairement responsa-

Et pour voir statuer sur le contenu en tout ce que dessus, nous avons cité ledit .. .. conducteur, et en sa personne, le propriétaire de la voiture, à comparaître dans le délai de (5) ..... jours, devant le conseil de préfecture du département de la Seine, pour présenter leurs défenses, si mieux ils n'aiment les adresser par écrit, dans le même délai, au secrétariat général de la Préfecture de Police, leur déclarant qu'à l'expiration dudit délai, il sera passé outre au jugement de l'affaire, tant en leur absence qu'en leur présence.

Nous avons en outre interpellé ledit conducteur de faire tels dires et observations qu'il croirait convenables, pour être insérés dans notre procès-verbal; à quoi il a répondu (6) .....

De tout quoi nous avons dressé le présent procès-verbal, qui sera par nous affirmé aux termes de la loi, et dont copie, par nous

ble des suites de la contravention, et renonce au bénéfice de discussion.

(5) Le délai est de 8 jours, pour les personnes qui résident dans le ressort de la Préfecture de Police.

Plus un jour par trois myriamètres (7 lieues environ) pour les personnes domiciliées au-delà du département de la Seine.

(6) Transcrire les dires et observations du conducteur, ou énoncer qu'il a déclaré n'en avoir pas à faire.

certifiée, sera transmise à M. le conseiller d'état, préfet de police, pour être notifiée à la partie intéressée, et le conducteur ci-devant dénommé, après lecture à lui faite, interpellé de le signer avec nous (7) .....

Fait et clos les jour, mois et an que dessus.

Par-devant nous, juge de paix d ....., s'est présenté le sieur ..... ci-dessus qualifié, lequel, après avoir entendu lecture du présent procès-verbal, a affirmé qu'il est sincère et véritable; de laquelle affirmation nous lui avons donné acte, qu'il a signé avec nous.

Paris, le

(7) *L'a signé* ou bien a *déclaré ne savoir ou ne vouloir signer.*

PLAQUE.

Barrière
d

N°

PRÉFECTURE DE POLICE.

Cejourd'hui ..... mil huit cent trente... heure ..... d ... Nous ..... préposé aux ponts à bascule de Paris, dûment assermenté, étant de service à la barrière d ..... en exécution du décret du 23 juin 1806, et conformément aux instructions qui nous ont été données, nous avons arrêté une voiture dite ..... à ..... roues, attelée d ..... cheva ..... conduite par ..... qui nous a déclaré que la voiture appartient a ..... vérification faite par nous, si cette voiture a la plaque de métal prescrite par l'article 34 du décret précité, nous avons vu et reconnu, en présence du conducteur, qu .....

Et, attendu la contravention, nous avons déclaré au conducteur, qu'aux termes de l'article 39 du décret précité, nous allions retenir sa voiture jusqu'à la décision de M. le préfet de police, à qui le présent procès-verbal allait être adressé, si mieux il n'aimait consiger sur-le-champ le montant de l'amende fixée à ..... francs (non compris le décime pour franc), par l'article 9 de la loi du 3 nivôse an VI, rappelé par l'article 34 du décret précité, ou fournir une caution solvable et solidaire ; sur quoi, le conducteur (1)

Et pour voir statuer sur le contenu en tout ce que dessus, nous avons cité ledit ..... conducteur, et en sa personne, le propriétaire de la voiture, à comparaître dans le délai de (2) ..... jours, devant le conseil de préfecture du département de la Seine, pour présenter leurs défenses, si mieux ils n'aiment les adresser par écrit, dans le même délai, au secrétariat général de la Préfecture de Police, leur déclarant qu'à l'expiration dudit délai, il sera passé outre au jugement de l'affaire, tant en leur absence qu'en leur présence.

Nous avons en outre interpellé ledit conducteur de faire tels dires et observations qu'il croirait convenables, pour être insérés

(1) Indiquer ici si l'amende a été consignée, ou s'il a été fourni caution. Dans ce dernier cas, la caution doit déclarer qu'elle se porte solidairement responsable des suites de la contravention, et renonce au bénéfice de discussion.

(2) Le délai est de 8 jours, pour les personnes qui résident dans le ressort de la Préfecture de Police.

Plus un jour par trois myriamètres (7 lieues environ), pour les personnes domiciliées au-delà du département de la Seine.

dans notre procès-verbal ; à quoi il a répondu (3)

De tout quoi nous avons dressé le présent procès-verbal, qui sera par nous affirmé aux termes de la loi, et dont copie, par nous certifiée, sera transmise à M. le conseiller d'état, préfet de police, pour être notifiée à la partie intéressée, et le conducteur ci-devant dénommé, après lecture à lui faite, interpellé de le signer avec nous (4).

Fait et clos les jour, mois et an que dessus.

Par-devant nous, juge de paix d ... s'est présenté le sieur ..... ci-dessus qualifié, lequel, après avoir entendu lecture du présent procès-verbal, a affirmé qu'il est sincère et véritable ; de laquelle affirmation nous lui avons donné acte, qu'il a signé avec nous.

Paris, le

(3) Transcrire les dires et observations du conducteur, ou énoncer qu'il a déclaré n'en avoir pas à faire.

(4) *L'a signé* ou bien a *déclaré ne savoir ou ne vouloir signer.*

CLOUS
des bandes.

Barrière
d

N°

PRÉFECTURE DE POLICE.

Cejourd'hui ..... mil huit cent trente ..... heure de ..... Nous ..... préposé aux ponts à bascule de Paris, dûment assermenté, étant de service à la barrière d ....., en exécution du décret du 23 juin 1806, et conformément aux instructions qui nous ont été données, nous avons arrêté à ladite barrière une voiture dite ..... à ..... roues, attelée d ..... cheva ..... conduite par ....., qui nous a déclaré que la voiture appartient a .....; vérification faite par nous, si cette voiture a la plaque de métal prescrite par l'art. 34 du décret précité, nous avons vu et reconnu, qu .....

Ensuite procédant, en présence du conducteur, à la vérification des clous des bandes des roues de cette voiture, nous avons reconnu et constaté que (1) ..... formaient une saillie de ..... centimètres ..... Et attendu la contravention à l'art. 18 du décret du 23 juin

(1) Expliquer si tous les clous des bandes ou seulement ceux d'une roue ou d'une seule bande formaient saillie.

1806, nous avons déclaré au conducteur, qu'aux termes de l'art. 39 du décret précité, nous allions retenir sa voiture jusqu'à la décision de M. le préfet de police, auquel le présent procès-verbal allait être adressé, si mieux il n'aimait consigner sur-le-champ, la somme de quinze francs, déterminée par l'art. 29 du même décret (non compris le décime pour francs), ou fournir une caution solvable et solidaire, sur quoi le conducteur (2) .....

Et pour voir statuer sur le contenu en tout ce que dessus, nous avons cité ledit ..... conducteur, et en sa personne, le propriétaire de la voiture, à comparaître dans le délai de (3) ..... jours, devant le conseil de préfecture du département de la Seine, pour présenter leurs défenses, si mieux ils n'aiment les adresser par écrit, dans le même délai, au secrétariat général de la Préfecture de Police, leur déclarant qu'à l'expiration dudit

(2) Indiquer ici si l'amende a été consignée, ou s'il a été fourni caution. Dans ce dernier cas, la caution doit déclarer qu'elle se porte solidairement responsable des suites de la contravention, et renoncer au bénéfice de discussion.

(3) Le délai est de 8 jours, pour les personnes qui résident dans le ressort de la Préfecture de Police.

Plus un jour par trois myriamètres (7 lieues environ), pour les personnes domiciliées au-delà du département de la Seine.

délai, il sera passé outre au jugement de l'affaire, tant en leur absence qu'en leur présence.

Nous avons en outre interpellé ledit conducteur de faire tels dires et observations qu'il croirait convenables, pour être insérés dans notre procès-verbal; à quoi il a répondu (4) .....

De tout quoi nous avons dressé le présent procès-verbal, qui sera par nous affirmé aux termes de la loi, et dont copie, par nous certifiée, sera transmise à M. le préfet de police, pour être notifiée à la partie intéressée, et le conducteur ci-devant dénommé, interpellé après lecture à lui faite, de le signer avec nous (5) .....

Fait et clos les jour, mois et an que dessus.

Cejourd'hui ..... par-devant nous ..... s'est présenté le sieur ..... ci-dessus qualifié, lequel après avoir entendu lecture du présent procès-verbal, a affirmé qu'il est sincère et véritable; de laquelle affirmation nous lui avons donné acte, qu'il a signé avec nous.

(4) Transcrire les dires et observations du conducteur, ou énoncer qu'il a déclaré n'en avoir pas à faire.

(5) *L'a signé* ou bien a *déclaré ne savoir ou ne vouloir signer.*

DILIGENCES
et Messageries.

Estampille, Numéro, Timbre et Voyageurs sur l'impériale.

Barrière
d

N°

PRÉFECTURE DE POLICE.

Cejourd'hui . . . . . mil huit cent trente . . . . heures d . . . . Nous . . . . préposé aux ponts à bascule de Paris, dûment assermenté, étant de service au pont à bascule d . . . .

En exécution de l'ordonnance royale du 16 juillet 1828, et conformément aux instructions qui nous ont été données, nous avons arrêté une voiture dite . . . . . . à . . . . roues, attelée d . . . cheva . . . . (1) . . . . . conduite par. . . . . qui nous a déclaré que la voiture appartient a . . . .

Vérification faite par nous si cette Voiture était munie de l'estampille prescrite par l'article 117 de la loi du 25 mars 1817, ainsi que du numéro de police et du timbre de la Préfecture, exigés par les articles 5 et 6 de

(1) Indiquer si la voiture sortait de Paris ou y entrait.

l'ordonnance de police du 19 août 1828, nous avons vu et reconnu, en présence du conducteur, que . . . .

Poursuivant notre examen, nous nous sommes assurés que. . . . . . voyageurs étaient placés sur l'impériale; . . .

Nous avons, en conséquence, declaré au conducteur qu'il était en contravention: 1°. à l'article 117 de ladite loi du 25 mars 1817; 2°. aux articles 5 et 6 de l'ordonnance de police précitée du 19 août 1828; 3°. à l'article 14 de l'ordonnance royale du 16 juillet 1828, à quoi il a répondu (2) . . .

De tout quoi nous avons dressé le présent procès-verbal, qui sera par nous affirmé aux aux termes de la loi, et dont nous avons fait lecture audit conducteur qui a été interpellé de signer avec nous. (3)

Fait et clos les jour, mois et an que dessus.

Par-devant nous, juge de paix . . . . . . s'est présenté le s[r]. . . . . ci-dessus qualifié, lequel, après avoir entendu lecture du présent procès-verbal, a affirmé qu'il est sincère et véritable. De laquelle affirmation nous lui avons donné acte, qu'il a signé avec nous.

Paris, le

(1) Transcrire les dires et observations du conducteur, ou énoncer qu'il a déclaré n'en avoir pas à faire.

(2) Si le contrevenant ne sait ou ne veut signer, il est nécessaire d'en faire mention.

ESSIEUX
et Moyeux.

Barrière
d

No

PRÉFECTURE DE POLICE.

Cejourd'hui . . . . . mil huit cent trente . . . . heure . . d . . . . Nous . . . préposé aux ponts à bascule de Paris, dûment assermenté, étant de service à la barrière d . . . . . en exécution du décret du 23 juin 1806, ainsi que de l'ordonnance royale du 29 octobre 1828, et conformément aux instructions qui nous ont été données, nous avons arrêté à ladite barrière une voiture dite. . . . . à . . . . . roues, attelée d . . . . . chevaux . . . . (1) conduite par . . . qui nous a déclaré que la voiture appartient a . . . . vérification faite par nous, si cette voiture a la plaque de métal prescrite par l'article 34 du Décret précité, nous avons vu et reconnu qu . . . . .

Ensuite procédant, en présence du conducteur, à la vérification des moyeux de la voiture, nous avons reconnu et constaté que leur saillie, en y comprenant celle de l'essieu,

(1) Indiquer si la Voiture sortait de Paris, ou y entrait.

excédait de . . . . . centimètres, un plan passant par la face extérieure des jantes, et attendu la contravention à l'article 1er. de l'ordonnance royale du 29 octobre 1828, nous avons déclaré au conducteur qu'aux termes de l'article 2 de ladite ordonnance, nous allions retenir sa voiture, jusqu'à ce que les moyeux et l'essieu aient été réduits à douze centimètres, longueur prescrite par l'article 1er. de l'ordonnance précitée; nous lui avons déclaré en outre qu'il eût à consigner sur-le-champ le montant de l'amende de quinze francs, déterminée par l'article 28 du décret du 23 juin 1806 (non compris le décime pour franc), ou fournir une caution solvable et solidaire ; sur quoi le conducteur (2) . . . . .

Et pour voir statuer sur le contenu en tout ce que dessus, nous avons cité ledit . . . . conducteur, et en sa personne, le propriétaire de la voiture, à comparaître dans le délai de (3) . . . . jours, devant le con-

(2) Indiquer ici si les dommages ont été consignés, ou s'il a été fourni caution. Dans ce dernier cas, la caution doit déclarer qu'elle se porte solidairement responsable des suites de la contravention, et renonce au bénéfice de discussion.

(3) Le délai est de 8 jours, pour les personnes qui résident dans le ressort de la Préfecture de Police.

Plus un jour par trois myriamètres (7 lieues en-

seil de préfecture du département de la Seine, pour présenter leurs défenses, si mieux ils n'aiment les adresser par écrit, dans le même délai au secrétariat général de la Préfecture de Police, leur déclarant qu'à l'expiration dudit délai, il sera passé outre au jugement de l'affaire, tant en leur absence qu'en leur présence.

Nous avons en outre interpellé ledit conducteur de faire tels dires et observations qu'il croirait convenables; pour être insérés dans notre procès-verbal; à quoi il a répondu (4)

. . . .

De tout quoi nous avons dressé le présent procès-verbal, qui sera par nous affirmé aux termes de la loi, et dont copie, par nous certifiée, sera transmise à M. le conseiller d'état, préfet de police, pour être notifiée à la partie intéressée, et le conducteur ci-devant dénommé, après lecture à lui faite, interpellé de le signer avec nous (5). . . .

Fait et clos les jour, mois et an que dessus.

viron), pour les personnes domiciliées au-delà du département de la Seine.

(4) Transcrire les dires et observations du conducteur, ou énoncer qu'il a déclaré n'en avoir pas à faire.

(5) *L'a signé* ou bien *a déclaré ne savoir ou ne vouloir signer.*

Par-devant nous, juge de paix d . . . . . s'est présenté le sieur . . . . ci-dessus qualifié, lequel, après avoir entendu lecture du présent procès-verbal, a affirmé qu'il est sincère et véritable; de laquelle affirmation nous lui avons donné acte, qu'il a signé avec nous.

Paris, le

TABLE

DES MATIÈRES.

1er *Décembre* 1834.

ERARTUM.

Pag. 33, avant-dernière ligne, *au lieu* de 24 novembre 1814, *lisez* 24 décembre 1814.

www.ingramcontent.com/pod-product-compliance
Ingram Content Group UK Ltd.
Pitfield, Milton Keynes, MK11 3LW, UK
UKHW020331180726
13839UKWH00002B/654

9 782329 285061